마구로센세의
본격!
일본어 스터디

③

마구로센세의
본격!
일본어 스터디

초급 ❸ 일본의 대중교통

bs
브레인스토어

저자의 말

다년간 사회 각계각층의 수강생들을 직접 만나서, 셀 수도 없을 만큼의 일본어 강의를 해왔습니다. 강의가 끝나면 늘 강의 평가라는 강사의 성적표가 따라오게 마련입니다. 감사하게도 제 강의에 대해 좋은 평가를 해주시는 수강생들의 의견은 "일본어라는 어학뿐만 아니라, 일본의 문화와 정서까지 이해시켜 주는 강의였다."는 것이었습니다.

그런 강의를 책으로도 보여 드릴 수 없을까 고민하던 중, 나인완 작가님의 작품을 접하게 되었습니다. 작가님은 제가 표현하고자 하는 일본의 문화와 정서를 '마구로센세'라는 친근한 캐릭터로 펼치고 있었습니다. 작가님과의 만남으로 이루어 낸 작품이 지금 손에 들고 계신《마구로센세의 본격 일본어 스터디》입니다.

각 장의 구성은 아래와 같습니다.

1) 에피소드: 마구로센세를 통해 체험하는 일본 생활
2) 일본통되기: 일본 문화, 정서에 대해 알아 가기
3) 일본어 정복: 마구로센세가 일본어 요정 유리링과 일본어 핵심 요소를 정복
4) 연습하기: 앞서 배운 내용을 다양한 예문을 통해 연습
5) 정답 확인: 연습하기의 정답과 읽는 방법을 한글로 확인(한글로 외국어를 완벽하게 표기하는 것은 어렵기에, 최대한 가까운 발음으로 표기한 점 양해 바랍니다.)

《마구로센세의 본격 일본어 스터디》 시리즈는 앞으로도 일본의 지역, 문화, 역사, 사회 현상 등에 대해서 소개하며, 일본어 스터디를 이어 나갈 예정입니다. 많은 기대와 성원 부탁드립니다.

감사합니다.

일본어 강사 최유리

차례

마구로센세의 본격 일본어 스터디 초급3 . 일본의 대중교통

JR? 사철? 지하철? 일본 철도의 모든 것!

동사 て형 만드는 방법

저 오늘 꼭 가고싶은 곳이 있어요.

역시나 음식점이겠죠?

?

어떻게 아셨죠?? 저는 아무한테도 말한 적 없는데... 혹시 독심술?

너무 뻔한데…

어디로 가요? 한번 보여주세요.

네! 여기입니다.

마구로센세가 가려는 야키니쿠 식당은 신주쿠역 근처에 있어요.

신주쿠역!!!!

오늘은 고기구나...

신주쿠역 말고
다른 역으로 가면 안 되나요…?

신주쿠역은
너무 복잡해서
무서워요.

저는 요정이라
뽕! 하고 순간이동할 수 있어서,
상관없어요.

네?

그럼 이따봐요. 뽀…

유링 유링 유리링!

잠깐!!!

저랑 신주쿠역으로
같이 가주세요!!

제발!
제발!

대가는…?

음…

저는 쉽게 설득당하지 않는데 말이죠.

시원한 맥주 한 잔 사겠습니다.

안 되나...

신주쿠역으로 고고!!

노선도... 이게 다 뭐죠... 암호인가요.

일본은 철도가 차도보다 더 많이 구축되어 있는 나라에요.

철도 구축 기간이 길어지면서 그만큼 여러 회사들이 철도 사업에 진출했어요.

훗!

특히 신주쿠역처럼 큰 규모의 역은
많은 지하철이 지나다니기에 쉽게 찾아가기 어렵죠.

환승 시스템도 한국처럼 잘 되어있지 않아서,
지하철 종류가 다르면 환승이 아니라 티켓을 다시 사야 됩니다.

복잡하네요. 갈수 있는 거리라면, 자전거를 타는게 더 편한거군요.

맞아요. 일본 거리에 자전거가 많은 이유에요.

아무튼 야키니쿠를 먹으려면, 신주쿠역으로 가야 한다는 건데...

13

쓰읍

좋았어! 한번 지하철을 타고 가볼까요!

유링 유링 유리링!

...유리링? 아까 같이 가준다고...

뭉게

뭉게

...

동공

지진

앵앵

하하 뭐 나 혼자 충분히 갈 수 있어...

유리링!! 어딨어요?
맥주 두 잔 사줄게요!!!

뿌슝!

앗!!

?

절 버리고 간 줄
알았잖아요!

잠시 마실 것 좀 사러
다녀왔는데요...

휴... 다행이다.

제가 방금 들은
맥주 두 잔은
지키시는 거죠?

네?
제가
그랬나요?

일본통 日本通 되기!

철도 鉄道

도쿄는 도로보다 철도가 발달했어요. 몇 가지 이유가 있지만, 가장 큰 이유
는 정책적으로 철도를 먼저 발달시키고 그 후에 도로가 정비되었기 때문이에요.
에도江戸 시대부터 마차나 차량보다는 수운이 발달했던 일본이 메이지明治 유
신 이후 갑작스럽게 근대화(서구화)를 받아들이면서 물류의 대량 수송이 가능한
철도의 정비를 우선시했어요. 그 후 제2차 세계대전이 끝난 다음에도 도로의 정
비가 늦어지면서 철도 중심의 교통정책이 오랫동안 이어졌어요. 이렇게 철도 중
심의 도시이다 보니, 다양한 종류의 철도가 있어요.

크게 JR, 지하철, 사철로 구분할 수 있어요. 운영사에 따라서 티켓을 따로 구
매해야 하기도 해요.

1 JR

먼저 JR(Japan Railway)은 국철(일본 국유 철도)로 시작하여 가장 오래된 역사
를 갖고 있어요. 현재는 민영화되어 홋카이도 여객철도, 동일본 여객철도, 도카
이 여객철도, 서일본 여객철도, 시코쿠 여객철도, 규슈 여객철도, 일본화물철도
사업자로 운영되고 있어요.

1) 홋카이도 여객철도 北海道旅客鉄道 (JR北海道)
홋카이도 北海道

2) 동일본 여객철도 東日本旅客鉄道 (JR東日本)
도호쿠 東北 · 간토(관동 광역권) 関東 · 코신에쯔 甲信越

3) 도카이 여객철도 東海旅客鉄道（ とうかいりょかくてつどう ）（ JR東海 ）

　도카이 4현 東海4県 · 나가노현남부 長野県南部

　· 야마나시현남부 山梨県南部 · 가나가와현서부 神奈川県西部

4) 서일본 여객철도 西日本旅客鉄道（ にしにほんりょかくてつどう ）（ JR西日本 ）

　호쿠리쿠 4현 北陸4県 · 간사이(관서 광역권) 関西 · 이가 伊賀

　· 츄고쿠 中国 · 북큐슈 北九州

5) 시코쿠 여객철도 四国旅客鉄道（ しこくりょかくてつどう ）（ JR四国 ）

　시코쿠 四国

6) 큐슈 여객철도 九州旅客鉄道（ きゅうしゅうりょかくてつどう ）（ JR九州 ）

　큐슈 九州

7) 일본화물철도 日本貨物鉄道（ にほんかもつてつどう ）（ JR貨物 ）

　일본 전역

2 지하철

　도쿄의 지하철은 총 280여 개의 역이 있고, 운영사는 도쿄 메트로東京メトロ
와 도에이 지하철都営地下鉄線로 나눌 수 있어요.

1) 도쿄 메트로

　도쿄 메트로는 지하철 중 최대 운영 회사이며, 9개 노선을 소유하고 있으며,
179개 역간 195km에 달하는 선로를 망라하고 있어요.

2) 도에이 지하철

　도에이 지하철은 도쿄도교통국東京都交通局에서 운영하고 있고 4개 노선
으로 106개 역을 커버하고 있어요.

3 사철

　JR도 민영화에 의해서 민영철도에 속하지만 사철이라고 부르지 않아요. 출발점부터 민간기업에서 시작한 다양한 노선을 사철이라고 부르는 것이 일반적이에요. 도쿄와 하코네箱根 등, 인근지역까지 연결하는 사철은 중장거리 이동도 편리하게 이용할 수 있어요.

일본어정복

1 일본어 동사 て형

 2권에서 동사의 그룹을 3가지로 나누었던 것 기억하죠?

 네, 2권 4강에서 배운 내용이죠.

 오늘은 그 그룹 중에서 1그룹을 5개의 파트로 나눠 볼게요.

 아니요. 싫어요. 1그룹은 그냥 하나의 그룹으로 남겨둘 거예요. 왜 그들을 나눠야 하는 거죠?

 오늘 배우게 되는 동사의 て형을 만들기 위해서는 1그룹을 5개의 파트로 나눠야만 해요.

 그럼 2그룹과 3그룹도 나누나요?

 아니요. 2, 3그룹은 그대로 둘 거예요.

 네, 뭐 일단 알겠어요. 그나저나 て형은 뭔가요?

 て형은 연결형이라고도 할 수 있어요.

 연결형이라면 우리말로 이런 건가요?

동사 원형	동사 연결형
가다	가고, 가서
먹다	먹고, 먹어서
하다	하고. 해서

네 맞아요.

 쓰임이 많겠네요.

 다양한 쓰임이 있어요. 1그룹부터 만드는 방법을 볼게요.

2 1그룹 동사

 1그룹 동사 원형의 마지막 글자는 어떤 글자였는지 기억해요?

 네! う つ る ぬ ぶ む く ぐ す 로 끝나요.

 잘, 기억하고 있네요. 이제 끝나는 글자별로 5개의 파트로 나눠볼게요.

1) う つ る 로 끝나는 동사

2) ぬ ぶ む 로 끝나는 동사

3) く 로 끝나는 동사

4) ぐ 로 끝나는 동사

5) す 로 끝나는 동사

 파트별로 동사의 て형을 만드는 방법이 다르다는 거죠?

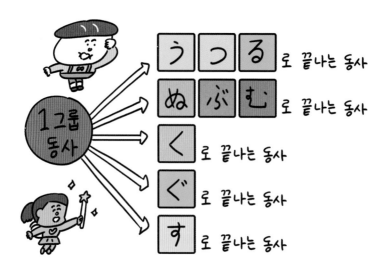

 맞아요. 각각의 마지막 글자를 지우고 다음과 같이 て형을 만드는
장치를 넣어줘야 해요.

동사 원형의 마지막 글자	て형을 만드는 장치
うつる	って
ぬぶむ	んで
く	いて
ぐ	いで
す	して

 예시를 보여주세요.

 네, 준비했어요.

1) う つ る 로 끝나는 동사 - 마지막 글자를 지우고+って

동사 원형		て형	
買<ruby>う<rt>か</rt></ruby>	사다	買<ruby>って<rt>か</rt></ruby>	사고, 사서
会<ruby>う<rt>あ</rt></ruby>	만나다	会<ruby>って<rt>あ</rt></ruby>	만나고, 만나서
待<ruby>つ<rt>ま</rt></ruby>	기다리다	待<ruby>って<rt>ま</rt></ruby>	기다리고, 기다려서
持<ruby>つ<rt>も</rt></ruby>	갖다, 소유하다	持<ruby>って<rt>も</rt></ruby>	가지고, 가져서
売<ruby>る<rt>う</rt></ruby>	팔다	売<ruby>って<rt>う</rt></ruby>	팔고, 팔아서
守<ruby>る<rt>まも</rt></ruby>	지키다	守<ruby>って<rt>まも</rt></ruby>	지키고, 지켜서

2) ぬ ぶ む 로 끝나는 동사 - 마지막 글자를 지우고+んで

동사 원형		て형	
死<ruby>ぬ<rt>し</rt></ruby>	죽다	死<ruby>んで<rt>し</rt></ruby>	죽고, 죽어서
呼<ruby>ぶ<rt>よ</rt></ruby>	부르다	呼<ruby>んで<rt>よ</rt></ruby>	부르고, 불러서
選<ruby>ぶ<rt>えら</rt></ruby>	고르다	選<ruby>んで<rt>えら</rt></ruby>	고르고, 골라서
読<ruby>む<rt>よ</rt></ruby>	읽다	読<ruby>んで<rt>よ</rt></ruby>	읽고, 읽어서
飲<ruby>む<rt>の</rt></ruby>	마시다	飲<ruby>んで<rt>の</rt></ruby>	마시고, 마셔서

3) く 로 끝나는 동사 - 마지막 글자를 지우고+いて

동사 원형		て형	
書<ruby>く<rt>か</rt></ruby>	쓰다	書<ruby>いて<rt>か</rt></ruby>	쓰고, 써서
招<ruby>く<rt>まね</rt></ruby>	초대하다	招<ruby>いて<rt>まね</rt></ruby>	초대하고, 초대해서

※예외 동사

行<ruby>く<rt>い</rt></ruby> 가다 → 行<ruby>って<rt>い</rt></ruby> 가고, 가서

4) ぐ 로 끝나는 동사 - 마지막 글자를 지우고+いで

동사 원형		て형	
<ruby>泳<rt>およ</rt></ruby>ぐ	헤엄치다	<ruby>泳<rt>およ</rt></ruby>いで	헤엄치고, 헤엄쳐서
<ruby>急<rt>いそ</rt></ruby>ぐ	서두르다	<ruby>急<rt>いそ</rt></ruby>いで	서두르고, 서둘러서

5) す 로 끝나는 동사 - 마지막 글자를 지우고+して

동사 원형		て형	
<ruby>話<rt>はな</rt></ruby>す	이야기하다	<ruby>話<rt>はな</rt></ruby>して	이야기하고 이야기해서
<ruby>探<rt>さが</rt></ruby>す	찾다	<ruby>探<rt>さが</rt></ruby>して	찾고 찾아서

 아, 복잡하지만… 어쨌든 마지막 글자가 て나 で로 끝나고 있네요.

 그렇죠. 여러 번 반복해서 연습하세요.

이번에는 2그룹 동사를 て형으로 만드는 방법을 알아볼게요.

 이번에도 마지막 글자는 모두 て로 끝나겠죠?

 맞아요. 동사 원형의 마지막 글자를 지우고 て를 붙이면 끝이에요!

 초간단!!

동사 원형		て형	
^た食べる	먹다	^た食べて	먹고, 먹어서
^{かんが}考える	생각하다	^{かんが}考えて	생각하고, 생각해서
^あ開ける	열다	^あ開けて	열고, 열어서
^み見る	보다	^み見て	보고, 봐서
^お起きる	일어나다	^お起きて	일어나고, 일어나서
^{しん}信じる	믿다	^{しん}信じて	믿고, 믿어서

4 **3그룹 동사**

 이제 3그룹 동사를 알아볼게요. 역시 마지막 글자는 て로 끝나요.

 3그룹 동사는 '하다'와 '오다' 2개 밖에 없으니 금방 외우겠네요!

 来る에서 来의 읽는 방법이 바뀌니 주의하세요!

동사 원형		て형	
する	하다	して	하고, 해서
来^くる	오다	来^きて	오고, 와서

5 예외 1그룹 동사

 이제 마지막으로 예외 1그룹 동사를 모아서 볼게요.

 아, 뭔가 허전하다 했어요…

동사 원형		て형	
帰^{かえ}る	돌아가다 (돌아오다)	帰^{かえ}って	돌아가고, 돌아가서 (돌아오고, 돌아와서)
喋^{しゃべ}る	수다 떨다	喋^{しゃべ}って	수다 떨고, 수다 떨어서
滑^{すべ}る	미끄러지다	滑^{すべ}って	기다리고, 기다려서
入^{はい}る	들어가다 (들어오다)	入^{はい}って	들어가고, 들어가서 (들어오고, 들어와서)
走^{はし}る	달리다	走^{はし}って	달리고, 달려서
切^きる	자르다	切^きって	자르고, 잘라서

 조금만 더 힘내요! 예외 1그룹 동사의 특징은 2그룹 동사의 형태를 갖고 있지만, 본질은 1그룹이라는 거죠. 그래서 변형할 때 늘 1그룹의 규칙을 따른다고 했어요.

기억나요. 그럼 이번에는 1그룹의 5개 파트 중에서 う つ る 로 끝나는 동사 파트에 들어가겠네요.

 맞아요. 모든 예외 1그룹은 마지막 글자가 る로 끝나니까요!

 그럼 마지막 글자를 지우고+って를 붙이면?!

 정답!

 아하! 이제 정리가 좀 된 것 같네요!

 문법정리

동사 원형의 마지막 글자를 지우고 て형을 만드는 장치

그룹		원형의 마지막 글자	て형을 만드는 장치
1그룹	1그룹-1	う つ る	って
	1그룹-2	ぬ ぶ む	んで
	1그룹-3	く	いて
	1그룹-4	ぐ	いで
	1그룹-5	す	して
	1그룹-예외	る	って
2그룹		る	て
3그룹		する	して
		来る	来て

다음 동사 원형을 て형으로 바꾸시오.

동사 원형	그룹	동사 て형
買_かう 사다		
会_あう 만나다		
待_まつ 기다리다		
持_もつ 갖다, 소유하다		
売_うる 팔다		
守_{まも}る 지키다		
死_しぬ 죽다		
呼_よぶ 부르다		
選_{えら}ぶ 고르다		
読_よむ 읽다		

飲<ruby>の</ruby>む 마시다		
書<ruby>か</ruby>く 쓰다		
招<ruby>まね</ruby>く 초대하다		
泳<ruby>およ</ruby>ぐ 헤엄치다		
急<ruby>いそ</ruby>ぐ 서두르다		
話<ruby>はな</ruby>す 이야기하다		
探<ruby>さが</ruby>す 찾다		
帰<ruby>かえ</ruby>る 돌아가다(돌아오다)		
喋<ruby>しゃべ</ruby>る 수다 떨다		
滑<ruby>すべ</ruby>る 미끄러지다		
入<ruby>はい</ruby>る 들어가다(들어오다)		
走<ruby>はし</ruby>る 달리다		
切<ruby>き</ruby>る 자르다		

食べる 먹다		
考える 생각하다		
開ける 열다		
見る 보다		
起きる 일어나다		
信じる 믿다		
する 하다		
来る 오다		
行く 가다		

정답확인

동사 원형	그룹	동사 て형
買う 사다	1그룹-1	買って [캇떼]
会う 만나다	1그룹-1	会って [앗떼]
待つ 기다리다	1그룹-1	待って [맛떼]
持つ 갖다, 소유하다	1그룹-1	持って [못떼]
売る 팔다	1그룹-1	売って [웃떼]
守る 지키다	1그룹-1	守って [마못떼]
死ぬ 죽다	1그룹-2	死んで [신데]
呼ぶ 부르다	1그룹-2	呼んで [욘데]
選ぶ 고르다	1그룹-2	選んで [에란데]
読む 읽다	1그룹-2	読んで [욘데]

<ruby>飲<rt>の</rt></ruby>む 마시다	1그룹-2	<ruby>飲<rt>の</rt></ruby>んで [논데]
<ruby>書<rt>か</rt></ruby>く 쓰다	1그룹-3	<ruby>書<rt>か</rt></ruby>いて [카이떼]
<ruby>招<rt>まね</rt></ruby>く 초대하다	1그룹-3	<ruby>招<rt>まね</rt></ruby>いて [마네이떼]
<ruby>泳<rt>およ</rt></ruby>ぐ 헤엄치다	1그룹-4	<ruby>泳<rt>およ</rt></ruby>いで [오요이데]
<ruby>急<rt>いそ</rt></ruby>ぐ 서두르다	1그룹-4	<ruby>急<rt>いそ</rt></ruby>いで [이소이데]
<ruby>話<rt>はな</rt></ruby>す 이야기하다	1그룹-5	<ruby>話<rt>はな</rt></ruby>して [하나시떼]
<ruby>探<rt>さが</rt></ruby>す 찾다	1그룹-5	<ruby>探<rt>さが</rt></ruby>して [사가시떼]
<ruby>帰<rt>かえ</rt></ruby>る 돌아가다(돌아오다)	1그룹-예외	<ruby>帰<rt>かえ</rt></ruby>って [카엣떼]
<ruby>喋<rt>しゃべ</rt></ruby>る 수다 떨다	1그룹-예외	<ruby>喋<rt>しゃべ</rt></ruby>って [샤벳떼]
<ruby>滑<rt>すべ</rt></ruby>る 미끄러지다	1그룹-예외	<ruby>滑<rt>すべ</rt></ruby>って [스벳떼]
<ruby>入<rt>はい</rt></ruby>る 들어가다(들어오다)	1그룹-예외	<ruby>入<rt>はい</rt></ruby>って [하잇떼]
<ruby>走<rt>はし</rt></ruby>る 달리다	1그룹-예외	<ruby>走<rt>はし</rt></ruby>って [하싯떼]
<ruby>切<rt>き</rt></ruby>る 자르다	1그룹-예외	<ruby>切<rt>き</rt></ruby>って [킷떼]

<ruby>食<rt>た</rt></ruby>べる 먹다	2그룹	<ruby>食<rt>た</rt></ruby>べて [타베떼]
<ruby>考<rt>かんが</rt></ruby>える 생각하다	2그룹	<ruby>考<rt>かんが</rt></ruby>えて [캉가에떼]
<ruby>開<rt>あ</rt></ruby>ける 열다	2그룹	<ruby>開<rt>あ</rt></ruby>けて [아께떼]
<ruby>見<rt>み</rt></ruby>る 보다	2그룹	<ruby>見<rt>み</rt></ruby>て [미떼]
<ruby>起<rt>お</rt></ruby>きる 일어나다	2그룹	<ruby>起<rt>お</rt></ruby>きて [오키떼]
<ruby>信<rt>しん</rt></ruby>じる 믿다	2그룹	<ruby>信<rt>しん</rt></ruby>じて [신지떼]
する 하다	3그룹	して [시떼]
<ruby>来<rt>く</rt></ruby>る 오다	3그룹	<ruby>来<rt>き</rt></ruby>て [키떼]
<ruby>行<rt>い</rt></ruby>く 가다	*예외 규칙 적용	<ruby>行<rt>い</rt></ruby>って [잇떼]

JR만 알아도
일본 전국 여행
가능?! 가능!

동사 て형 활용 1
(연결, 순서, 요청)

유리링이 같이 와줘서 잘 도착했어요. 후후.

휴~ 오랜만에 지하철을 타니 힘드네요.

저기 교통카드는 만들었는데... 이거 어떻게...

아하! 한국에서 여행오셨군요. 일본 교통카드는 처음이신가요?

네네, 한국에서 예약하고, 일본에서 수령했어요.[2]

한국과 똑같아요. 교통카드를 터치해서 개찰구를 통과해요.[1]

아하!

여기다 찍는 거 맞나요?

네네,
여기에 터치해 주세요.[4]

휴...
일본 여행은 처음이라
긴장했어요.

원래 어디든
처음 가면 긴장되죠.
하하.

혹시 교통카드 충전은
어떻게 해요?

앗, 커피 좋죠!
그런데 저희가 식사를 먼저
하러가는 길이라...

아하, 저도 식사하러 가는 중이에요.
꼭 가고 싶은 야키니쿠 가게가 있어서요.

뭐라구요?? 설마...

혹시 여긴가요?

설마...

맞아요...

우앗! 저희도 마침 거기 가는 중이었는데!!

혹시 같이 합석하실래요?

그 말은즉슨...

여러 명이서 먹으면...

다양한 메뉴를 시켜먹을 수 있다는...

엄청난 장점이!!!

야키니쿠 원정대 크로스!

전국의 JR

JR 홋카이도   JR 시코쿠   JR 히가시니혼   JR 규슈

JR 토카이   JR 화물   JR 니시니혼   JR 그룹

　신칸센을 비롯한 일본 전역을 잇는 철도가 JR이에요. 국철로 시작하여 현재 민영화되어 운영되고 있어요. 일본 전국의 구석구석을 JR로 갈 수 있어요. JR은 신칸센뿐만 아니라 도쿄 도심에서도 다양한 노선을 운영하고 있어요. 도쿄 도심부인 23구를 야마노테선山手線이 원형으로 순환하고, 주오선中央線과 소부선総武線이 동서를 연결하면서 야마노테선의 중심부를 지나고 있는 형태로 발달했어요. 이 노선을 중심으로 도쿄도가 발전했다고 해도 과언이 아니에요.

도쿄의 JR

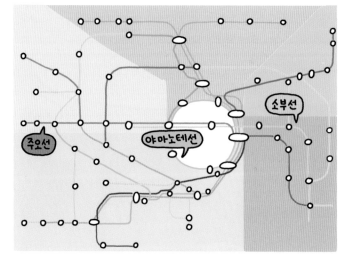

1 교통카드

1) Suica

JR 각 역의 발매기와 미도리 창구みどりの窓口^{まどぐち}에서 살 수 있어요. 판매 가격은 1,000엔(보증금 500엔)에서 1만 엔까지로 충전 후 바로 사용할 수 있어요. 기본적으로 도쿄뿐만 아니라 일본 각지의 철도에서 사용할 수 있고 대부분의 도쿄의 버스와 일부 택시, 자동 판매기, 코인 로커, 편의점에서도 사용할 수 있어서 편리해요.

2) PASMO

PASMO는 Suica와 기능은 거의 같아요. 공항이나 지하철역 등에서 구입할 수 있어요. 구입 시 금액에는 보증금 500엔이 포함되어 있고 충전해서 사용하는 카드예요. 다양한 교통, 상점이나 자동 판매기에서도 사용이 가능해요.

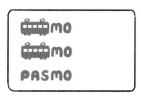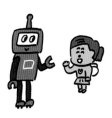

2 신칸센

일본은 철도가 중심으로 발전을 했어요. 그 어떤 교통수단보다도 철도가 편리하게 운영되고 있어요. 전국의 다른 지역에서 도쿄로 이동하는 가장 편리한 교통수단 역시 철도이고, 신칸센이 그 역할을 하고 있어요.

신칸센 승차권은 온라인 예약이 가능해요. 주말과 장기 휴가 시즌은 매우 붐비기 때문에 사전에 예약하는 것이 좋아요. JR역의 자동 발매기나 미도리 창구에서도 구입할 수 있어요.

단기체류(여행 목적 등)를 목적으로 일본에 입국한 사람만 구입할 수 있는 JR 패스는 일정기간 무제한 탑승이 가능해서 저렴하게 신칸센을 포함한 JR 철도를 이용할 수 있어요.

3 JR패스

일정 기간 동안 무제한으로 탑승이 가능한 티켓이에요(단 '노조미호' 와 '미즈호 호'는 이용할 수 없어요). 일본의 다양한 지역으로 이동하는 여행을 계획하고 있다 면 적극 추천해요. 이 티켓은 일본에 거주하는 사람은 구입할 수 없어요. 여행을 목적으로 단기체류하는 외국인 또는 그에 준하는 일본인만 구매할 수 있기 때문 에 여권에 단기체류를 증명하는 스탬프 또는 스티커가 반드시 필요해요(입국심 사시 자동화 게이트를 이용하면 별도로 요청해야 해요).

패스는 그린객차(1등석)용과 보통객차(2등석)용, 두 종류가 있고 가격차이가 상당하니 목적에 맞게 구매해야 해요.

이용기간은 각각 7일, 14일, 21일간 이용할 수 있는 패스로 나뉘어져요.

한국에서 미리 구매하는 가격은 다음과 같아요. 현지에서 구매하면 이보다 비싸니 미리 예매하고 현지에서 티켓으로 교환하세요!

1) 가격(2022년 6월 현재)

종류	그린객차(1등석)		보통객차(2등석)	
구분	성인	어린이	성인	어린이
7일간	44,810엔	22,400엔	33,610엔	16,800엔
14일간	72,310엔	36,150엔	52,960엔	26,480엔
21일간	91,670엔	45,830엔	66,200엔	33,100엔

2) 이용범위

❶ 철도

JR그룹의 모든 철도(일부 제외)

❷ 버스

JR버스회사의 각 로컬선

(JR홋카이도 버스, JR버스 도호쿠, JR버스 간토, JR도카이 버스, 서일본 JR버스, 주고쿠 JR버스, JR시코쿠 버스, JR규슈 버스)

※JR 버스 고속버스 노선 구간에서는 승차할 수 없습니다.

❸ 페리

JR서일본 미야지마 페리(미야지마-미야지마구치)

 tip!

여행하는 지역에 따라 JR패스를 구매할 수도 있어요.
예를 들어 홋카이도만 여행한다면, 홋카이도 레일패스를 구매하면 더 저렴하게 이용할 수 있어요. 그 밖에도 지역별로 다양한 상품이 있으니 여행일정에 맞는 상품을 찾아보세요!

한국어 홈페이지: https://japanrailpass.net/kr

일본어정복

1 교통카드를 터치해서 개찰구를 통과해요.⁽¹⁾

ICカードをタッチして改札口を通ります。

ICカードを	タッチして	改札口を	通ります
교통카드를	터치해서	개찰구를	통과해요

 동사의 て형을 활용한 문장을 만들어 볼게요. 3그룹 동사인 する를 사용할 거예요. する의 て형은 して라고 하죠. 그래서 タッチする를 タッチして라고 하면 연결형에 완성되는 거죠.

タッチする	터치하다
タッチして	터치하고, 터치해서

 해석이 '터치하고' 와 '터치해서' 인데 어떻게 구분하죠?

 문맥상 자연스러운 해석을 고르면 되니 걱정마세요. 몇 가지 연습해 보도록 해요.

ICカードを	買う	교통카드를 사다
	買って	교통카드를 사고 교통카드를 사서

ICカードを	持つ	교통카드를 소지하다
	持って	교통카드를 소지하고 교통카드를 소지해서

ICカードを	無_なくす	교통카드를 잃어버리다	
	無_なくして	교통카드를 잃어버리고 교통카드를 잃어버려서	

ICカードを	置_おく	교통카드를 놓다, 두다	
	置_おいて	교통카드를 놓고 교통카드를 놓아서	

 참고로 교통카드의 정식 명칭은 交通系_{こうつうけい}ICカード지만 줄여서

ICカード라고도 말해요.

 아이씨 카-도!

빵을 먹어요.　　커피를 마셔요.　　빵을 먹고 커피를 마셔요.

2 한국에서 예약하고, 일본에서 수령해요.⁽²⁾

韓国_{かんこく}で予約_{よやく}して、日本_{にほん}で受_うけ取_とります。

韓国_{かんこく}で	予約_{よやく}して	日本_{にほん}で	受_うけ取_とります
한국에서	예약하고	일본에서	수령해요

 이번에는 '하고'의 해석이 어울리는 문장이네요.

네, 이렇게 '하고'와 '해서' 중에서 문맥에 어울리는 해석을 하면 되는 거예요!

 아하! 다른 문장도 몇 개 더 보여주세요.

1) 그는 택시를 타고 갔어요.

彼はタクシーに乗って、行きました。

그는 택시를 타서 빨리 도착했어요.

彼はタクシーに乗って早く着きました。

2) 어제는 공부를 하고 TV를 봤어요.

昨日は勉強して、テレビを見ました。

어제는 공부를 해서 피곤했어요

昨日は勉強して疲れました。

 아, 이제 정확하게 알겠어요!

3 충전하고 나서 사용해요.(3)

チャージしてから使います。

チャージしてから	使います
충전하고 나서	사용해요

 이번에는 동작의 구체적인 순서를 표현하는 문장을 연습할게요. 먼저 '충전하다'의 チャージする를 て형으로 만들면 チャージして로

바뀌죠.

 그럼 동사의 て형 뒤에 から는 두 가지 용법 중 어떤 거죠?

 から의 두 가지 용법을 다시 복습해 볼게요. 2권의 1강에서 배웠던 내용이에요.

단어+から ~로부터

문장+から ~이기 때문에

이 중에서 단어+から의 일종이라고 생각하면 이해가 쉬울 거예요.

 아하! 첫 번째 동작부터 하고 다음 동작을 한다는 의미로 생각하면 되겠네요.

仕事_{しごと}を	頼_{たの}む	일을 부탁하다
	頼_{たの}んでから	일을 부탁하고 나서
朝_{あさ}ごはんを	食_たべる	아침밥을 먹다
	食_たべてから	아침밥을 먹고 나서
電車_{でんしゃ}に	乗_のり換_かえる	전철을 갈아타다
	乗_のり換_かえてから	전철을 갈아타고 나서
書類_{しょるい}を	作成_{さくせい}する	서류를 작성하다
	作成_{さくせい}してから	서류를 작성하고 나서

새롭게 배운 동사의 て형과 이전에 배운 から의 결합으로 만들어진 표현이네요.

 맞아요. 이래서 복습이 중요한 거예요!

4 여기에 터치해 주세요.⁽⁴⁾

ここにタッチしてください。

ここに	タッチして	ください
여기에	터치해	주세요

 동사의 て형을 사용해서 동작을 요청할 수도 있어요.
'터치하다'의 タッチする를 て형인 タッチして로 바꾸고, くだ さい를 붙이는 거예요.

 아하! '주세요'에 해당하는 ください를 붙여서 '동작해 주세요' 라고 표현하는 거네요.

 맞아요. 잘 기억하고 있네요.

 복습의 중요성!

 몇 문장 더 만들어 볼게요.

りょうきん 料金を	はら 払う	요금을 지불하다
	はら 払ってください	요금을 지불하세요

なまえ 名前を	か 書く	이름을 쓰다
	か 書いてください	이름을 쓰세요

なら 並ぶ	줄 서다
なら 並んでください	줄 서세요

しん 信じる	믿다
しん 信じてください	믿어 주세요

 반말은 ください를 생략해서

1) ここにタッチして。 여기에 터치해.
2) りょうきん はら
料金を払って。 요금을 지불해.
3) なまえ か
名前を書いて。 이름을 써.
4) なら
並んで。 줄 서.
5) しん
信じて。 믿어 줘.

　　　　라고 하면 돼요.

그럼 동사의 て형 자체가 문맥에 따라서는 권유나 요청의 의미가 있는 거네요.

 그렇다고 볼 수도 있죠.

✏️ **문법정리**

- -

동사 て형의 활용

ここにタッチして	여기에 터치해서
ここにタッチして	여기에 터치하고
ここにタッチしてから	여기에 터치하고 나서
ここにタッチしてください	여기에 터치해 주세요

다음 제시어를 사용하여 문장을 완성하시오.

1) 電車に乗る **전철을 타다**　　早く着く **빨리 도착하다**
行く **가다**　　連絡する **연락하다**

전철을 타서 빨리 도착했어요.	
전철을 타고 갈게요.	
전철을 타고 나서 연락할게요.	
전철을 타세요.	
전철을 타.	

2) 買い物する **쇼핑하다**　　お金がない **돈이 없다**
コーヒーを飲む **커피를 마시다**　　連絡する **연락하다**

쇼핑해서 돈이 없어요.	

쇼핑하고 커피를 마셨어요.	
쇼핑하고 나서 연락할게요.	
쇼핑하세요.	
쇼핑해.	

3) IC<ruby>カード<rt>か</rt></ruby>を買う **교통카드를 사다**   便利だ **편리하다**
チャージする **충전하다**   乗る **타다**

교통카드를 사서 편리했습니다.	
교통카드를 사고 충전했습니다.	
교통카드를 사고 나서 탑니다.	
교통카드를 사세요.	
교통카드를 사.	

4) 友達に会う **친구를 만나다**
コーヒーを飲む **커피를 마시다**

嬉しい **기쁘다**
家に帰る **집에 돌아가다**

친구를 만나서 기뻤습니다.	
친구를 만나고 커피를 마셨습니다.	
친구를 만나고 나서 집에 돌아갈 겁니다.	
친구를 만나세요.	
친구를 만나.	

1) 電車に乗る 전철을 타다   早く着く 빨리 도착하다
行く 가다   連絡する 연락하다

전철을 타서 빨리 도착했어요.	電車に乗って早く着きました。 [덴샤니 놋떼 하야끄 츠끼마시따]
전철을 타고 갈게요.	電車に乗って行きます。 [덴샤니 놋떼 이끼마스]
전철을 타고 나서 연락할게요.	電車に乗ってから連絡します。 [덴샤니 놋떼까라 렌라끄시마스]
전철을 타세요.	電車に乗ってください。 [덴샤니 놋떼 쿠다사이]
전철을 타.	電車に乗って。 [덴샤니 놋떼]

2) 買い物する 쇼핑하다   お金がない 돈이 없다
コーヒーを飲む 커피를 마시다   連絡する 연락하다

쇼핑해서 돈이 없어요.	買い物してお金がありません。 [카이모노시떼 오카네가 아리마셍]
쇼핑하고 커피를 마셨어요.	買い物してコーヒーを飲みました。 [카이모노시떼 코-히오 노미마시따]

쇼핑하고 나서 연락할게요.	買い物してから連絡します。 [카이모노시떼까라 렌라끄시마스]
쇼핑하세요.	買い物してください。 [카이모노시떼 쿠다사이]
쇼핑해.	買い物して。 [카이모노시떼]

3) ICカードを買う **교통카드를 사다**　　便利だ **편리하다**

チャージする **충전하다**　　乗る **타다**

교통카드를 사서 편리했습니다.	ICカードを買って便利でした。 [아이씨-카-도오 캇떼 벤리데시따]
교통카드를 사고 충전했습니다.	ICカードを買ってチャージしました。 [아이씨-카-도오 캇떼 챠-지시마시따]
교통카드를 사고 나서 탑니다.	ICカードを買ってから乗ります。 [아이씨-카-도오 캇떼까라 노리마스]
교통카드를 사세요.	ICカードを買ってください。 [아이씨-카-도오 캇떼 쿠다사이]
교통카드를 사.	ICカードを買って。 [아이씨-카-도오 캇떼]

4) 友達<ruby>ともだち</ruby>に会<ruby>あ</ruby>う 친구를 만나다   嬉<ruby>うれ</ruby>しい 기쁘다

コーヒーを飲<ruby>の</ruby>む 커피를 마시다   家<ruby>いえ</ruby>に帰<ruby>かえ</ruby>る 집에 돌아가다

친구를 만나서 기뻤습니다.	友達<ruby>ともだち</ruby>に会<ruby>あ</ruby>って嬉<ruby>うれ</ruby>しかったです。 [토모다찌니 앗떼 우레시깟따데스]
친구를 만나고 커피를 마셨습니다.	友達<ruby>ともだち</ruby>に会<ruby>あ</ruby>ってコーヒーを飲<ruby>の</ruby>みました。 [토모다찌니 앗떼 코-히-오 노미마시따]
친구를 만나고 나서 집에 돌아갈 겁니다.	友達<ruby>ともだち</ruby>に会<ruby>あ</ruby>ってから家<ruby>いえ</ruby>に帰<ruby>かえ</ruby>ります。 [토모다찌니 앗떼까라 이에니 카에리마스]
친구를 만나세요.	友達<ruby>ともだち</ruby>に会<ruby>あ</ruby>ってください。 [토모다찌니 앗떼 쿠다사이]
친구를 만나.	友達<ruby>ともだち</ruby>に会<ruby>あ</ruby>って。 [토모다찌니 앗떼]

도쿄 도심 관광은 지하철이 정답!

동사 て형 활용 2
(허락, 금지)

일본의 지하철은 한국과 비슷한 듯 많이 다르네요.

맞아요.
그래서 저도 처음에 많이 어려워 했어요.

아! 저는 제일 궁금했던 게 일본 지하철은 역마다 요금이 다르잖아요.

320   3〇

220   240

만약에 원래 지불했던 역을 지나쳐서 요금이 추가되게 된다면...

저도 그게 무서워서 지하철을 타면 어느 역인가 뚫어지게 쳐다봤어요.

일본 지하철은 워낙 노선이 복잡해서 그런 일이 흔해요.

아하, 그러면...

아까 조용히 주문하시던 게 이 메뉴군요...

네, 저는 디저트도 끼니 못지 않게 중요해서요.

사실 저도...

주문하신 트리플 허니 팬케이크 콤보 나왔습니다.

트리플!!

아까 조용히 시키시던 게...

부끄럽네요.

먹보들의 신경전인가...

와~
에키벤
가게다.

열차를 타면서
에키벤을 먹어보는 것도
해보고 싶었어요.

그런 쏠쏠한 재미가 있죠.

저는 처음에 모르고 지하철에서
에키벤을 먹을뻔 했어요.

지하철에서는 먹으면 안 돼![4]

지하철에서는
먹으면 안 돼요![3]

그럴 뻔했다고요.
진정하세요. 다들…

제가 탈 노선의 운행시간이
얼마 안 남아서
이만 가보겠습니다.

오늘 너무
재밌었어요.

저도요!

즐거운 여행 되세요!

몸 조심하시고 두 분 다 건강하세요!

고기만 먹고 오려 했는데 생각보다 재밌었어요.

그러게요. 이런 게 여행의 묘미가 아닐까요.

아, 그건 그렇고 일본어 공부는 잘 돼가요?

쿨쿨쿨~

방금 전까지 멀쩡하게 깨어있었는데... 그리고 입으로 쿨쿨쿨 소리를 내고 있어...

일본통 日本通 되기!

지하철 地下鉄

도쿄의 지하철은 280개가 넘는 역이 있고, 도내 전역을 촘촘하게 연결하고 있어요. 총 13개의 노선으로 운영되고 있으며 도쿄 메트로東京メトロ와 도에이 지하철都営地下鉄 두 회사가 운영해요. 다양한 할인권과 기간 이용권도 있으니 여행일정에 따라 유용하게 이용할 수 있어요.

1 운영회사

1) 도쿄 메트로 東京メトロ

도쿄 메트로는 지하철 중 9개 노선을 소유하고 있으며, 179개 역간 195km에 달하는 선로를 운영하고 있어요. 하루 평균 약 760만 명의 승객이 도쿄 메트로를 이용하는, 도내를 이동하기 위한 중요한 수단이에요.

G	M	H
銀座線	丸ノ内	日比谷線
긴자선	마루노우치선	히비야선
T	C	Y
東西線	千代田線	有楽町線
도자이선	치요다선	유락쿄선
Z	N	F
半蔵門線	南北線	副都心線
한조몬선	난보쿠선	후쿠토신선

2) 도에이 지하철 都営地下鉄

또 다른 주요 지하철 회사는 도쿄도교통국東京都交通局에서 운영하는 도에이 지하철이에요. 아사쿠사선, 미타선, 신주쿠선, 오에도선의 4개 노선으로 106개 역을 운영하고 있어요. 하루 평균 282만 명이 이용하는 또 하나의 주요 도시권 네트워크예요. 오에도선은 도내를 일주하는 형태로 선로가 만들어져 있으며, 아사쿠사선은 다른 철도와 직접 연결되어 나리타 공항이나, 하네다 공항까지 갈 수 있어요.

2 다양한 티켓

도쿄 지하철 티켓은 역에 놓여 있는 발매기에서 티켓을 살 수 있으며, 추가 충전이 가능한 교통카드를 사용할 수도 있어요.

또한 도쿄 메트로와 도에이 지하철이 제휴하여 관광객을 위한 지하철 공통 티켓도 제공하고 있어요. 단, 도쿄 지하철은 JR표를 사용할 수 없으니 티켓을 따로 구매해야 해요.

1) 일반 지하철표

일반 티켓은 지하철역에 설치되어 있는 자동 발매기에서 구입할 수 있어요. 요금은 이용하는 경로나 역이 아니라 이동 거리에 따라 정해져요. 도쿄 메트로와 도에이 지하철은 다른 회사이기 때문에 표를 각각 구매해야 해요.

도쿄 메트로의 티켓은 이동 거리에 따라 각각 170엔에서 320엔 사이예요.

도에이 지하철의 요금은 그것보다 조금 비싼 180엔에서 430엔 사이예요.

지하철에 들어가려면 노란색 삽입구가 있는 개찰구에 표를 넣고 통과할 때 반대편에서 나오는 표를 받으면 돼요. 한국의 지하철과 마찬가지로 하차역에서 개찰구를 나올 때까지 표를 잘 보관하세요!

이동하는 구간의 요금을 잘 모를 때는 가장 저렴한 티켓을 사서 내리는 역에서 추가 정산을 해도 되니까 걱정 마세요.

2) 지하철에서 사용할 수 있는 IC 카드(교통카드)

도쿄의 많이 사용되는 교통카드는 Suica와 PASMO예요. 차이점은 발행사와 디자인이에요. 환불 가능한 보증금 500엔을 지불하고 역 발매기에서 구입할 수 있고 원하는 금액별로 충전해서 사용할 수 있어요. 한국의 교통카드와 마찬가지로 자동 개찰기에 카드를 터치해서 사용하니 티켓을 구매하는 번거로움이 줄고 자동 판매기나 편의점에서도 사용이 가능해요.

3) 도쿄 1~3일간 지하철 자유이용권

여러 번 지하철을 이용하는 일정이라면, 도쿄의 13개 노선 무한 승차권을 구입하는 것도 좋은 방법이에요. 24시간, 48시간, 72시간 시간별로 나눠서 구매할 수 있어요. 구입을 위해서는 여행객이라는 것을 증빙하기 위해 여권이 필요해요. 구입은 역이나 여행안내소 등에서 구입할 수 있어요.

구분	24시간권	48시간권	72시간권
어른	800엔	1,200엔	1,500엔
어린이	400엔	600엔	750엔

3 지하철 운영 시간

일본의 지하철은 보통 오전 5시부터 밤 12시까지 운영하지만, 상황에 따라서 달라질 수 있어요.

도쿄의 러시아워는 오전 7시 30분부터 9시 30분 사이와 오후 5시 30분부터 7시 30분 사이인데, 특히 아침 출근시간에는 상당히 혼잡해요. 큰 짐을 가지고 있는 경우는 이 시간대는 피하는 것이 좋아요.

4 무료 Wi-Fi

도쿄 메트로는 대부분의 역에서 무료 Wi-Fi 서비스를 제공하고 있으며, 도에이 지하철의 일부 역에서도 사용 가능할 수 있어요. 'Metro_Free_Wi-Fi' 또는 'Toei_Subway_Free_Wi-Fi'를 선택하면 돼요.

1 내리는 역에서 정산해도 될까요?(1)

^お ^{えき} ^{せいさん}
降りる駅で精算してもいいですか？

^お 降りる	^{えき} 駅で	^{せいさん} 精算しても	いいですか？
내리는	역에서	정산해도	될까요?

동사의 て형을 활용한 허락의 문장을 만들어 볼게요.

동사의 て에 '도'에 해당하는 조사 も 를 붙여서 '동작해도' 라는 표현

을 만들 수 있어요.

^{せいさん} 精算する	정산하다
^{せいさん} 精算しても	정산해도

^{せいさん}
精算して가 '정산하고', '정산해서' 이니까 も 를 붙이면

^{せいさん} ^{せいさん}
精算して+も → 精算しても

정산해(서)+도 → 정산해도

가 되는 군요.

그렇죠!

그리고 '괜찮아요' 또는 '좋아요' 의 의미인 いいです를 사용해서 허

락을 구하는 문장을 만들 수 있어요. 다른 동사에도 만들어 볼게요.

ICカードを	^{つか} 使う	교통카드를 사용하다
	^{つか} 使ってもいいですか？	교통카드를 사용해도 될까요?

地下鉄（ちかてつ）に	乗（の）る	지하철을 타다
	乗（の）ってもいいですか？	지하철을 타도 될까요?

一（ひと）つ	聞（き）く	한 가지 묻다
	聞（き）いてもいいですか？	한 가지 물어도 될까요?

 그렇다면 반말로도 할 수 있을 거 같아요.

 いいですか？부분만 반말로 고치면 되겠죠.

1) 降（お）りる駅（えき）で精算（せいさん）してもいい？ 내리는 역에서 정산해도 될까?

2) ICカードを使（つか）ってもいい？ 교통카드를 사용해도 될까?

3) 地下鉄（ちかてつ）に乗（の）ってもいい？ 지하철을 타고 될까?

4) 一（ひと）つ聞（き）いてもいい？ 한 가지 물어도 될까?

 간단하네요!

 그렇죠?

2 내리는 역에서 정산해도 돼요.(2)

降りる駅で精算してもいいです。

降りる	駅で	精算しても	いいです
내리는	역에서	정산해도	돼요

 이번에는 허락을 구했을 때, 대답하는 것을 알아 볼게요.

 마지막을 평서문을 바꾸기만 하면 되는 거 아닌가요?

 딩동댕!

 그렇다면 반말도 마찬가지로 마지막 부분만 살짝 바꾸면 되겠네요?

 그렇죠!

1) 降りる駅で精算してもいい。 내리는 역에서 정산해도 괜찮아.

2) ICカードを使ってもいい。 교통카드를 사용해도 괜찮아.

3) 地下鉄に乗ってもいい。 지하철을 타고 괜찮아.

4) 一つ聞いてもいい。 한 가지 물어도 괜찮아.

3 지하철에서는 먹으면 안 돼요.(3)

地下鉄では食べてはいけません。

地下鉄では	食べては	いけません
지하철에서는	먹으면	안 돼요

 이번에는 동작을 금지하는 표현을 배워 볼게요.

허락을 구했을 때, 허락을 받을 수도 있지만 금지할 수도 있으니 같이 배워 두면 좋겠네요.

 금지의 표현은 동사의 て에 '은/는'에 해당하는 조사 は를 붙여서 만들어요.

 食べて가 '먹고', '먹어서' 이니까 は를 붙이면

$$食べて+は → 食べては$$

먹어서+는 → 먹어서는 → 먹으면

가 되는 군요.

大きい声で	話す	큰 소리로 이야기하다
	話してはいけません	큰 소리로 이야기하면 안 돼요

落書き	する	낙서하다
	してはいけません	낙서하면 안 돼요

駆け込み乗車を	する	전철의 문이 닫히는 순간 무리해서 뛰어들다
	してはいけません	전철의 문이 닫히는 순간 무리해서 뛰어들면 안 돼요

공공장소에서 경고문구로 많이 사용되겠네요.

 네, 그리고 회화체로는 いけません 대신에 だめです를 사용하기도 해요.

1) 地下鉄では食べてはだめです。
2) 大きい声で話してはだめです。
3) 落書きしてはだめです。
4) 駆け込み乗車をしてはだめです。

 だめです를 사용하면 더 가벼운 표현이 되는 군요.

 맞아요.

4 지하철에서는 먹으면 안 돼.⁽⁴⁾

地下鉄では食べてはいけない。

地下鉄では	食べては	いけない
지하철에서는	먹으면	안 돼

그럼 반말표현도 배워봐요.

いけません의 반말은 いけない

だめです의 반말은 だめだ예요.

문장에 사용해 보면 이렇게 돼요.

1) 地下鉄では食べてはいけない。 = 地下鉄では食べてはだめ。

지하철에서 먹으면 안 돼.

2) 大きい声で話してはいけない。 = 大きい声で話してはだめ。

큰 소리로 이야기하면 안 돼.

3) 落書きしてはいけない。 = 落書きしてはだめ。

낙서하면 안 돼.

4) 駆け込み乗車をしてはいけない。 = 駆け込み乗車をしてはだめ。

전철의 문이 닫히는 순간 무리해서 뛰어들면 안 돼.

동사 て형+もいいです

동작해도 돼요

お えき せいさん 降りる駅で精算してもいいですか？	내리는 역에서 정산해도 될까요?
お えき せいさん 降りる駅で精算してもいいです。	내리는 역에서 정산해도 돼요.
お えき せいさん 降りる駅で精算してもいい？	내리는 역에서 정산해도 될까?
お えき せいさん 降りる駅で精算してもいい。	내리는 역에서 정산해도 돼.

동사 て형+はいけません

동작하면 안 돼요

ちかてつ た 地下鉄では食べてはいけませんか？	지하철에서는 먹으면 안 돼요?
ちかてつ た 地下鉄では食べてはいけません。	지하철에서는 먹으면 안 돼요.
ちかてつ た 地下鉄では食べてはいけない？	지하철에서는 먹으면 안 돼?
ちかてつ た 地下鉄では食べてはいけない。	지하철에서는 먹으면 안 돼.

동사 て형+はだめです

동작하면 안 돼요

ちかてつ た 地下鉄では食べてはだめですか？	지하철에서는 먹으면 안 돼요?
ちかてつ た 地下鉄では食べてはだめです。	지하철에서는 먹으면 안 돼요.
ちかてつ た 地下鉄では食べてはだめ？	지하철에서는 먹으면 안 돼?
ちかてつ た 地下鉄では食べてはだめ。	지하철에서는 먹으면 안 돼.

연습하기

다음 동사를 사용하여 문장을 완성하시오.

1) ここに座^{すわ}る 여기에 앉다

여기에 座る 부분에 すわ 루비가 붙어 있습니다.

여기에 앉아도 될까요?	
여기에 앉아도 돼요.	
여기에 앉아도 될까?	
여기에 앉아도 돼.	
여기에 앉으면 안 돼요?	
여기에 앉으면 안 돼요.	
여기에 앉으면 안 돼?	
여기에 앉으면 안 돼.	

2) 写真を撮る **사진을 찍다**

사진을 찍어도 될까요?	
사진을 찍어도 돼요.	
사진을 찍어도 될까?	
사진을 찍어도 돼.	
사진을 찍으면 안 돼요?	
사진을 찍으면 안 돼요.	
사진을 찍으면 안 돼?	
사진을 찍으면 안 돼.	

3) ここで降りる 여기에서 내리다

여기에서 내려도 될까요?	
여기에서 내려도 돼요.	
여기에서 내려도 될까?	
여기에서 내려도 돼.	
여기에서 내리면 안 돼요?	
여기에서 내리면 안 돼요.	
여기에서 내리면 안 돼?	
여기에서 내리면 안 돼.	

4) 通話する 통화하다

<small>つうわ</small>

통화해도 될까요?	
통화해도 돼요.	
통화해도 될까?	
통화해도 돼.	
통화하면 안 돼요?	
통화하면 안 돼요.	
통화하면 안 돼?	
통화하면 안 돼.	

1) ここに座る 여기에 앉다

여기에 앉아도 될까요?	ここに座ってもいいですか？ [코꼬니 스왓떼모 이이데스까]
여기에 앉아도 돼요.	ここに座ってもいいです。 [코꼬니 스왓떼모 이이데스]
여기에 앉아도 될까?	ここに座ってもいい？ [코꼬니 스왓떼모 이이?]
여기에 앉아도 돼.	ここに座ってもいい。 [코꼬니 스왓떼 이이]
여기에 앉으면 안 돼요?	ここに座ってはいけませんか？ [코꼬니 스왓떼와 이께마셍까] ここに座ってはだめですか？ [코꼬니 스왓떼와 다메데스까]
여기에 앉으면 안 돼요.	ここに座ってはいけません。 [코꼬니 스왓떼와 이께마셍] ここに座ってはだめです。 [코꼬니 스왓떼와 다메데스]
여기에 앉으면 안 돼?	ここに座ってはいけない？ [코꼬니 스왓떼와 이께나이] ここに座ってはだめ？ [코꼬니 스왓떼와 다메]
여기에 앉으면 안 돼.	ここに座ってはいけない。 [코꼬니 스왓떼와 이께나이] ここに座ってはだめ。 [코꼬니 스왓떼와 다메]

2) 写真を撮る 사진을 찍다

사진을 찍어도 될까요?	写真を撮ってもいいですか？ [샤싱오 톳떼모 이이데스까]
사진을 찍어도 돼요.	写真を撮ってもいいです。 [샤싱오 톳떼모 이이데스]
사진을 찍어도 될까?	写真を撮ってもいい？ [샤싱오 톳떼모 이이]
사진을 찍어도 돼.	写真を撮ってもいい。 [샤싱오 톳떼모 이이]
사진을 찍으면 안 돼요?	写真を撮ってはいけませんか？ [샤싱오 톳떼와 이께마셍까] 写真を撮ってはだめですか？ [샤싱오 톳떼와 다메데스]
사진을 찍으면 안 돼요.	写真を撮ってはいけません。 [샤싱오 톳떼와 이께마셍] 写真を撮ってはだめです。 [샤싱오 톳떼와 다메데스]
사진을 찍으면 안 돼?	写真を撮ってはいけない？ [샤싱오 톳떼와 이께나이] 写真を撮ってはだめ？ [샤싱오 톳떼와 다메]
사진을 찍으면 안 돼.	写真を撮ってはいけない。 [샤싱오 톳떼와 이께나이] 写真を撮ってはだめ。 [샤싱오 톳떼와 다메]

3) ここで降^おりる **여기에서 내리다**

여기에서 내려도 될까요?	ここで降りてもいいですか？ [코꼬데 오리떼모 이이데스까]
여기에서 내려도 돼요.	ここで降りてもいいです。 [코꼬데 오리떼모 이이데스]
여기에서 내려도 될까?	ここで降りてもいい？ [코꼬데 오리떼모 이이]
여기에서 내려도 돼.	ここで降りてもいい。 [코꼬데 오리떼모 이이]
여기에서 내리면 안 돼요?	ここで降りてはいけませんか？ [코꼬데 오리떼와 이께마셍까] ここで降りてはだめですか？ [코꼬데 오리떼와 다메데스까]
여기에서 내리면 안 돼요.	ここで降りてはいけません。 [코꼬데 오리떼와 이께마셍] ここで降りてはだめです。 [코꼬데 오리떼와 다메데스]
여기에서 내리면 안 돼?	ここで降りてはいけない？ [코꼬데 오리떼와 이께나이] ここで降りてはだめ？ [코꼬데 오리떼와 다메]
여기에서 내리면 안 돼.	ここで降りてはいけない。 [코꼬데 오리떼와 이께나이] ここで降りてはだめ。 [코꼬데 오리떼와 다메]

4) 通話（つうわ）する 통화하다

통화해도 될까요?	通話（つうわ）してもいいですか？ [쯔-와시떼모 이이데스까]
통화해도 돼요.	通話（つうわ）してもいいです。 [쯔-와시떼모 이이데스]
통화해도 될까?	通話（つうわ）してもいい？ [쯔-와시떼모 이이]
통화해도 돼.	通話（つうわ）してもいい。 [쯔-와시떼모 이이]
통화하면 안 돼요?	通話（つうわ）してはいけませんか？ [쯔-와시떼와 이께마셍까] 通話（つうわ）してはだめですか？ [쯔-와시떼와 다메데스까]
통화하면 안 돼요.	通話（つうわ）してはいけません。 [쯔-와시떼와 이께마셍] 通話（つうわ）してはだめです。 [쯔-와시떼와 다메데스]
통화하면 안 돼?	通話（つうわ）してはいけない？ [쯔-와시떼와 이께나이] 通話（つうわ）してはだめ？ [쯔-와시떼와 다메]
통화하면 안 돼.	通話（つうわ）してはいけない。 [쯔-와시떼와 이께나이] 通話（つうわ）してはだめ。 [쯔-와시떼와 다메]

도쿄 인근 소도시 여행은 사철로 떠나자!

동사 て형 활용 3 (현재 진행, 시도, 완료)

그런데 도쿄에는
왜 이렇게 사철이 많아요?

정말 큰 사철 회사는 호텔이나
백화점을 운영하기도 해요.

그만큼 일본 사철 사업의 규모가 크고,
많은 회사들이 뛰어들었다는 거죠.

아하!

저도 처음 도쿄에 왔을때
지하철을 타고
근교쪽으로 나가보고 싶었는데,

으으   으으

지하철을 잘 몰라서
내내 긴장하며 간 기억이 있어요.

어디를 가려고 했어요?

빤히...

오늘의 할일
• 요코하마 가기

가기

안 돼, 안 돼! 또 포기할 뻔했어...

실례합니다.
표 파는 곳을 찾고 있어요.[1]

자동 판매기 말씀이시죠?

네네 맞아요!
자동 판매기를 찾고 있었어요.[2]

아 저쪽에서 뽑으시면 돼요.

아하! 그렇죠? 감사합니다.

땀을 너무 많이 흘리는데...

이번 역은~~~~~역입니다~

번뜩!!

어엇!!!!

큰일 날 뻔했군...

싱글

벙글

잠깐 표가 어딨지?????

정말 지쳐 버렸다...

그래서 그 뒤에는 어떻게 됐나요?

그건 말이죠...

일단 힘드니까... 뭐라도 먹어야겠어.

酒屋

여기 야키토리 세트랑 사시미 중간 사이즈 추가요!

결국 그렇게 밤까지 먹다가 근처에서 숙소를 잡고 잠들었어요.

· · ·

원래 목적이었던 드라마 촬영지 투어는요...

다음날 숙취 때문에 못했어요...

일본통 日本通 되기!

사철 私鉄

　도쿄에는 다양한 민간기업에서 운영하는 철도가 있어요. 이 기업들은 교통운수뿐만 아니라 숙박, 요식, 백화점, 유통 분야의 사업을 하기도 해요. 운영 회사별로 다양한 할인권과 프리패스를 발행하고 있어요. 근교로 이동하기에 편리한 철도노선이 많아요. 도쿄를 중심으로 운영중인 12개사의 사철 회사와 노선을 소개할게요.

1 도큐 덴테츠 東急電鉄

　철도 8개 노선의 99.9km 를 운영하고 있고, 시부야역渋谷駅이 가장 큰 역으로 시부야 주변에 도큐그룹의 호텔, 백화점 등이 있어요.

2 게이오 덴테츠 京王電鉄

　철도 6개 노선의 84.7km를 운영하고 있어요. 게이오계통과 이노가시라계통으로 나뉘어져 각각 5개(게이오계통), 1개(이노가시라계통) 노선이 있어요.

KEIO
京王電鉄

3 세이부 테츠도 西武鉄道

176.6km 길이의 철도를 12개 노선으로 운영하고 있어요.
이케부쿠로역池袋駅이 가장 큰 역이에요.

4 **도부 테츠도** 東武鉄道 <ruby>東武鉄道<rt>とうぶてつどう</rt></ruby>

도쿄도東京都 <ruby>東京都<rt>とうきょうと</rt></ruby> 사이타마현埼玉県 <ruby>埼玉県<rt>さいたまけん</rt></ruby> · 치바현千葉県 <ruby>千葉県<rt>ちばけん</rt></ruby> · 토치기현栃木県 <ruby>栃木県<rt>とちぎけん</rt></ruby>
· 군마현群馬県 <ruby>群馬県<rt>ぐんまけん</rt></ruby>을 잇는 총 463.3km 철도를 운영하고 있어요.

5 **츠쿠바 익스프레스** つくばエクスプレス

일본 도쿄도 치요다구에 있는 아키하바라역秋葉原駅 <ruby>秋葉原駅<rt>あきはばらえき</rt></ruby>과 이바라키현 쓰쿠바
시에 있는 츠쿠바역つく ば駅 <ruby>駅<rt>えき</rt></ruby>을 잇는 수도권 신도시 철도의 철도 노선이에요.

운영 구간은 58.3 km이에요.

6 **오다큐 덴테츠** 小田急電鉄 <ruby>小田急電鉄<rt>おだきゅうでんてつ</rt></ruby>

120.7km 의 철도를 운영하고 있어요. 도쿄 근교 여행지로 인기있는 하코네
箱根 <ruby>箱根<rt>はこね</rt></ruby>를 갈 수 있는 노선이 있어요.

7 **게이큐 덴테츠** 京急電鉄 <ruby>京急電鉄<rt>けいきゅうでんてつ</rt></ruby>

87.0km 의 철도로 5개의 노선을 운영하고 있어요. 하네다 공항까지 연결된
노선을 보유하고 있어요.

KEIKYU
京 急 電 鉄

8 **게이세이 덴테츠** 京成電鉄 <ruby>京成電鉄<rt>けいせいでんてつ</rt></ruby>

152.3 km의 철도로 7개의 노선을 운영하고 있어요. 나리타 공항까지 연결된
노선도 있어요.

K'SEI
GROUP いろんな笑顔を結びたい 京成電鉄

9 도쿄린카이신코쯔카이린카이센 <ruby>東京臨海新交通臨海線<rt>とうきょうりんかいしんこうつうりんかいせん</rt></ruby>

(유리카모메 ゆりかもめ**)**

도쿄 미나토구의 신바시역<ruby>新橋駅<rt>しんばしえき</rt></ruby>에서 고토구에 있는 도요스역<ruby>豊洲駅<rt>とよすえき</rt></ruby>까지 잇는 무인궤도교통 시스템으로 14.7km의 구간을 운영하고있어요. 주식회사 유리카모메가 운영해요. 역 번호에서 사용되는 노선 기호는 U이고 오다이바에서 이동하기 편리한 노선이에요. 보통은 애칭인 유리카모메ゆりかもめ 로 불러요.

10 <ruby>東京<rt>とうきょう</rt></ruby>モノレール 도쿄 모노레일

도쿄도에서 하네다 공항 연결 노선으로 하마마츠쵸역<ruby>浜松町駅<rt>はままつちょうえき</rt></ruby>에서부터 하네다공항 2터미널역<ruby>羽田空港第2ターミナル駅<rt>はねだくうこうだい</rt></ruby> 구간인 17.8km를 운영하고 있어요.

11 <ruby>多摩都市<rt>たまとし</rt></ruby>モノレール 다마 도시 모노레일

가미키타다이역<ruby>上北台駅<rt>かみきただいえき</rt></ruby>에서 다마센타역<ruby>多摩センター駅<rt>たませんたえき</rt></ruby>에 이르는 약 16km 철도를 운영하고 있어요.

도쿄 모노레일

다마 도시 모노레일

도쿄 인근 소도시 사철 여행 추천 TOP 10

마구로센세와 사케짱이 직접 가 봤습니다!

1 하코네 箱根(はこね)

카나가와현에 있는 하코네는, 도쿄에서 오다큐선으로 갈 수 있는 마구로센세의 강력 추천 스폿이에요. 신주쿠에서 출발하는 특급열차(오다큐 로망스카)를 타면 하코네 유모토까지 85분이면 도착해요.

※ 하코네에 가야하는 이유!

①제대로 된 온천을 즐길 수 있는 온천 료칸

②노포의 정통 요리를 비롯해 세련된 디저트를 즐길 수 있는 식도락 여행지

③개성 넘치는 다채로운 미술관들

④일본의 상징 '후지산'의 아름다운 모습을 감상

2 카마쿠라, 에노시마 鎌倉(かまくら), 江ノ島(えのしま)

카나가와현의 카마쿠라와 에노시마는 2권 3강에서도 소개한 적 있는 대표적인 도쿄 인근 관광지예요. 오다큐선이나 도쿄역에서 JR 요코즈카선으로 1시간이면 갈 수 있어요.

4강 도쿄 인근 소도시 여행은 사철로 떠나자! 111

① 카마쿠라 대불전 고도쿠인

② 카마쿠라 지역 맥주와 다양한 길거리 음식

③ 160여곳의 절과 신사에서 카마쿠라막부 시대의 영광 즐기기

④ 슬램덩크 성지 순례, 쇼난 해안과 에노덴

3 닛코 日光(にっこう)

토치기현의 닛코는 아사쿠사에서 도부선 닛코선(도부 특급 스페시아)이나 신주쿠에서 JR 닛코선을 타고 2시간이면 갈 수 있어요. 닛코는 세계문화유산과 국보문화재를 감상할 수 있고, 키누가와 온천 마을에서는 온천도 즐길 수 있어요. 도부 철도에서 판매하는 외국인 관광객 전용 패스도 있으니 일정에 참고하세요.

* 도부 철도 홈페이지 https://www.tobu.co.jp/

※ 닛코에 가야하는 이유!

① 수많은 역사적인 건축물

② 사계절이 눈부신 아름다운 자연 경관

③ 건강한 먹거리 '유바' 체험

④ 키누가와 계곡을 따라 발달한 관동 지방 최고의 온천지

4 요코하마 横浜 _{よこはま}

카나가와현에 있는 요코하마는 도쿄에서 다양한 전철로 갈 수 있는 대표적인 근교 여행지예요. 시나가와에서 게이큐선을 타거나 시부야에서 도큐선 또는 도쿄역에서 JR 요코즈카선을 타고 30분이면 갈 수 있어요. 이곳은 2권 3강에서도 소개한 적 있어요.

※ 요코하마에 가야하는 이유!

① 쾌적하고 조용한, 일본인이 살고 싶은 도시 1위

② 국제도시의 이국적인 매력이 넘치는 곳

③ 세계 최대 규모 차이나 타운에서 중국 문화 경험

④ 엄청난 전망을 선사하는 해양공원 관람차

5 카와고에 川越 _{かわごえ}

사이타마현에 있는 카와고에는 이케부쿠로에서 도부선이나 신주쿠에서 세이부선을 타고 갈 수 있어요. 에도시대의 분위기가 살아있는 거리를 걷다 보면 타임머신을 타고 과거로 온 거 같은 기분이 들어요.

※ 카와고에에 가야하는 이유!

1 일본의 옛 정취가 지금도 남아 있어서 작은 에도라 불림

2 메이지 시대(1800년~1900년대 초반 일본)에 걸쳐 지어진 창고 구조의 거리

3 오래된 건물과 민가를 리노베이션한 가게에서 길거리 음식 즐기기

4 일본 전통 의상 빌려 입고 현지인 기분 내기

6 미우라 三浦

카나가와현 미우라 반도는 시나가와에서 게이큐선으로 갈 수 있는 마구로 (다랑어) 잡이의 본 고장이에요. 마구로 식도락으로 일본인에게도 상당히 인기 있는 지역이에요. 게이큐 전철에서 다양한 패키지 티켓을 판매하니 일정에 참고 하세요.

* 게이큐 전철 홈페이지 https://www.keikyu.co.jp/

※ 미우라에 가야하는 이유!

1 일본 요트의 발상지 하야마 마리나

2 마구로 잡이의 본고장, 미사키에서 마구로 식도락

3 동쪽의 도쿄만, 서쪽의 사가미만에서 잡히는 풍부한 해산물 즐기기

4 요코스카 군항

7 다카오산 高尾山

도쿄의 서쪽 끝 자락에 있는 다카오산은 신주쿠에서 게이오선 급행전철을 타고 1시간이면 도착하는 곳이에요. 초급부터 상급까지 여러 레벨에 맞춰 등산할 수 있는 코스가 있고 이곳만의 특산물도 맛볼 수 있는 맛집이 여럿 있어요.

※ 다카오산에 가야하는 이유!

1 '미슐랭 그린가이드 재팬'에 별 세 개로 게재된 아름다운 경치

2 전철역 주변에 온천과 맛집이 가득

3 일본 당고 맛집으로 꼽히는 다양한 당고 가게

4 케이블카와 에코 리프트로 중턱까지 편하게 이동 가능

8 츠쿠바 筑波

이바라키현에 있는 츠쿠바는 아사쿠사에서 츠쿠바선을 타고 50분이면 갈 수 있는 곳이에요. 이곳은 일본 츠쿠바 우주센터가 있는 곳으로 일반인도 무료로 둘러볼 수 있는 전시관이 있어요. 사전 예약제로 견학 투어를 신청하면 우주비행사 양성시설이나 국제 우주정거장 관제실도 견학할 수 있어서 아이들에게 상당히 인기있는 곳이에요.

※ 츠쿠바에 가야하는 이유!

① 과학과 학문의 도시에서 만나는 과학 박람회 기념 공원

② 츠쿠바 우주센터에서 우주 전시관 관람

③ 일본 100대 명산 파워스폿 츠쿠바산

④ 케이블카와 로프웨이로 오르는 츠쿠바산 정상

⑨ 치치부 秩父

사이타마현 치치부는 최근 떠오르는 핫 플레이스예요. 도쿄에서 세이부선을 타고 2시간이면 도착할 수 있는 곳이에요. 이곳은 작은 분지 지형이 만들어내는 아름다운 경관으로 여러 유명 작품의 성지순례지로도 알려져 있어요. 물이 좋아서 양조장은 물론 온천지역으로도 사랑받아요.

※ 치치부에 가야하는 이유!

① 영화 〈마음이 외치고 싶어해〉와 애니메이션 〈그날 본 꽃의 이름을 우리는 아직 모른다〉 성지순례

② 좋은 물로 술을 빚는 소규모 양조장의 명주와 다양한 맛집 투어

③ 도쿄에서 가장 가까운 운해 명소

④ 복고적인 거리 풍경과 다양한 마츠리

⑩ 나리타 成田

나리타 공항을 이용해서 귀국한다면 이 곳도 알아 두세요. 도심에서 게이세이선을 타고 1시간이면 도착하는 곳이에요. 비행시간에 여유를 두고 잠시 둘러보면서 일본의 소도시를 담아보세요.

※ 나리타에 가야하는 이유!

① 나리타 공항으로 가기 전, 마지막 일본

② 역에 있는 코인 로커나 짐보관소 이용해서 몸도 마음도 가볍게

③ 오모테산도를 산책하면서 길거리 간식과 지역 특산물 쇼핑

④ 역에서 도보 10분 거리에 있는 사적지 신쇼지 절

일본어정복

1 표 파는 곳을 찾고 있어요.⁽¹⁾

切符売り場を探しています。

<ruby>切符売り場<rt>きっぷう ば</rt></ruby>を	<ruby>探して<rt>さが</rt></ruby>	います
표 파는 곳을	찾고	있어요

 동사의 て형을 활용한 현재 진행의 문장을 만들어 볼게요.

동사의 て에 '있어요'에 해당하는 います를 붙여서 '동작하고 있어요' 라는 표현을 만들 수 있어요.

<ruby>探す<rt>さが</rt></ruby>	찾다
<ruby>探しています<rt>さが</rt></ruby>	찾고 있어요

 います라면 2권 1강에서 배운 존재의 표현이군요.

<ruby>探して<rt>さが</rt></ruby>+います → <ruby>探しています<rt>さが</rt></ruby>

찾고+있어요 → 찾고 있어요

 그렇죠!

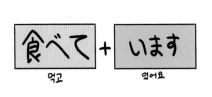

먹고   있어요

作^{つく}る	만들다	
作^{つく}っています	만들고 있어요	
見^みる	보다	
見^みています	보고 있어요	
勉強^{べんきょう}する	공부하다	
勉強^{べんきょう}しています	공부하고 있어요	

 그렇다면 반말로는 어떻게 하나요?

 います 부분을 반말 いる로 바꾸기만 하면 돼요!

1) 探^{さが}している。 찾고 있다.

2) 作^{つく}っている。 만들고 있다.

3) 見^みている。 보고 있다.

4) 勉強^{べんきょう}している。 공부하고 있다.

2 자동 판매기를 찾고 있었어요.(2)

自動販売機を探していました。

自動販売機を	探して	いました
자동 판매기를	찾고	있었어요

 이번에는 과거시제로 만들어 볼게요.

 마지막 いますを 과거시제 いました로 바꾸기만 하면 되는 거 아닌가요?

 역시! 철저한 복습이 이루어져 있군요.

1) 探していました。 찾고 있었어요.
2) 作っていました。 만들고 있었어요.
3) 見ていました。 보고 있었어요.
4) 勉強していました。 공부하고 있었어요.

 참고로 자동 판매기自動販売機 는 줄여서 자판기自販機 라고도 해요.

3 역무원에게 부탁해 볼게요.⁽³⁾

駅員(えきいん)にお願(ねが)いしてみます。

駅員(えきいん)に	お願(ねが)いして	みます
역무원에게	부탁해	볼게요

 이번에는 동사 て형을 사용해서 시도, 도전 등의 표현을 배워 볼게요. 동사 '부탁하다お願いする'의 て형에 '봅니다, 볼 거예요'에 해당하는 みます를 붙여서 만들어요.

 우리말과 똑같은 방법으로 만드네요.

お願(ねが)いして+みます → お願(ねが)いしてみます

부탁해(서) + 볼게요 → 부탁해 볼게요

読(よ)む	읽다
読(よ)んでみます	읽어 볼게요

食(た)べる	먹다
食(た)べてみます	먹어 볼게요

挑戦(ちょうせん)する	도전하다
挑戦(ちょうせん)してみます	도전해 볼게요

그렇다면 반말은 동사의 て형+みる인가요?

 네, 이렇게 하면 돼요.

1) 駅員にお願いしてみる。 역무원에게 부탁해 볼게.
えきいん　ねが

2) 読んでみる。 읽어 볼게.
よ

3) 食べてみる。 먹어 볼게.
た

4) 挑戦してみる。 도전해 볼게.
ちょうせん

4 표를 잃어 버렸어요.(4)

切符を無くしてしまいました。
きっぷ　な

切符を	無くして	しまいました
きっぷ	な	
표를	잃어	버렸어요

 이번에는 동사의 て형을 사용해서 (의도치 않은)행동의 완료의 표현을 살펴볼게요.

 의도치 않았다면 실수나 우연히 일어난 일에 사용할 수 있겠네요.

 네, 동사의 て형에 '해치웠습니다' 또는 '끝냈습니다'의 의미를 갖고 있는 しまいました를 붙여서 사용해요.

 혹시 '시마이' 하다의 그 しまいました인가요?

 맞아요! 문장에 사용해 보면 이렇게 돼요.

全部<ruby>全部<rt>ぜんぶ</rt></ruby><ruby>買<rt>か</rt></ruby>う	전부 사다	
<ruby>全部<rt>ぜんぶ</rt></ruby><ruby>買<rt>か</rt></ruby>ってしまいました	전부 사 버렸어요	

<ruby>早<rt>はや</rt></ruby>く<ruby>起<rt>お</rt></ruby>きる	일찍 일어나다	
<ruby>早<rt>はや</rt></ruby>く<ruby>起<rt>お</rt></ruby>きてしまいました	일찍 일어나 버렸어요	

<ruby>失敗<rt>しっぱい</rt></ruby>する	실패하다	
<ruby>失敗<rt>しっぱい</rt></ruby>してしまいました	실패해 버렸어요	

 회화체로는 てしまいました를 줄여서 ちゃいました・じゃいました로 말하기도 해요. 각각은 て형의 형태에 따라 결정해요.

1) て＋しまいました ＝ ちゃいました
2) で＋しまいました ＝ じゃいました

문장으로 바꿔보면 이렇게 사용해요.

1) <ruby>切符<rt>きっぷ</rt></ruby>を<ruby>無<rt>な</rt></ruby>くしてしまいました。＝<ruby>切符<rt>きっぷ</rt></ruby>を<ruby>無<rt>な</rt></ruby>くしちゃいました。
2) <ruby>全部<rt>ぜんぶ</rt></ruby><ruby>飲<rt>の</rt></ruby>んでしまいました。＝<ruby>全部<rt>ぜんぶ</rt></ruby><ruby>飲<rt>の</rt></ruby>んじゃいました。
3) <ruby>早<rt>はや</rt></ruby>く<ruby>起<rt>お</rt></ruby>きてしまいました。＝<ruby>早<rt>はや</rt></ruby>く<ruby>起<rt>お</rt></ruby>きちゃいました。
4) <ruby>失敗<rt>しっぱい</rt></ruby>してしまいました。＝<ruby>失敗<rt>しっぱい</rt></ruby>しちゃいました。

동사 て형+います

동작하고 있어요

<ruby>切符<rt>きっぷ</rt></ruby><ruby>売<rt>う</rt></ruby>り<ruby>場<rt>ば</rt></ruby>を<ruby>探<rt>さが</rt></ruby>しています。	표 파는 곳을 찾고 있어요.
<ruby>切符<rt>きっぷ</rt></ruby><ruby>売<rt>う</rt></ruby>り<ruby>場<rt>ば</rt></ruby>を<ruby>探<rt>さが</rt></ruby>している。	표 파는 곳을 찾고 있어.

동사 て형+いました

동작하고 있었어요

<ruby>自動販売機<rt>じどうはんばいき</rt></ruby>を<ruby>探<rt>さが</rt></ruby>していました。	자동 판매기를 찾고 있었어요.

동사 て형+みます

동작해 볼게요

<ruby>駅員<rt>えきいん</rt></ruby>にお<ruby>願<rt>ねが</rt></ruby>いしてみます。	역무원에게 부탁해 볼게요.
<ruby>駅員<rt>えきいん</rt></ruby>にお<ruby>願<rt>ねが</rt></ruby>いしてみる。	역무원에게 부탁해 볼게.

동사 て형+しまいました

동작해 버렸어요

きっぷ　な 切符を無くしてしまいました。	표를 잃어 버렸어요.
きっぷ　な 切符を無くしちゃいました。	표를 잃어 버렸어요.

다음 제시어를 사용하여 문장을 완성하시오.

1) 記事を読む 기사를 읽다

기사를 읽고 있어요.	
기사를 읽고 있어.	
기사를 읽고 있었어요.	
기사를 읽어 볼게요.	
기사를 읽어 볼게.	
기사를 읽어 버렸어요.	

2) クイズを解く **퀴즈를 풀다**

퀴즈를 풀고 있어요.	
퀴즈를 풀고 있어.	
퀴즈를 풀고 있었어요.	
퀴즈를 풀어 볼게요.	
퀴즈를 풀어 볼게.	
퀴즈를 풀어 버렸어요.	

3) 挑戦する <ruby>挑戦<rt>ちょうせん</rt></ruby>する 도전하다

도전하고 있어요.	
도전하고 있어.	
도전하고 있었어요.	
도전해 볼게요.	
도전해 볼게.	
도전해 버렸어요.	

4) 一人で作る 혼자서 만들다

혼자서 만들고 있어요.	
혼자서 만들고 있어.	
혼자서 만들고 있었어요.	
혼자서 만들어 볼게요.	
혼자서 만들어 볼게.	
혼자서 만들어 버렸어요.	

1) 記事を読む **기사를 읽다**

기사를 읽고 있어요.	記事を読んでいます。 [키지오 욘데 이마스]
기사를 읽고 있어.	記事を読んでいる。 [키지오 욘데 이루]
기사를 읽고 있었어요.	記事を読んでいました。 [키지오 욘데 이마시따]
기사를 읽어 볼게요.	記事を読んでみます。 [키지오 욘데 미마스]
기사를 읽어 볼게.	記事を読んでみる。 [키지오 욘데 미루]
기사를 읽어 버렸어요.	記事を読んでしまいました。 [키지오 욘데 시마이마시따] 記事を読んじゃいました。 [키지오 욘쟈이마시따]

2) クイズを解く 퀴즈를 풀다

퀴즈를 풀고 있어요.	クイズを解いています. [쿠이즈오 토이떼 이마스]
퀴즈를 풀고 있어.	クイズを解いている. [쿠이즈오 토이떼 이루]
퀴즈를 풀고 있었어요.	クイズを解いていました. [쿠이즈오 토이떼 이마시따]
퀴즈를 풀어 볼게요.	クイズを解いてみます. [쿠이즈오 토이떼 미마스]
퀴즈를 풀어 볼게.	クイズを解いてみる. [쿠이즈오 토이떼 미루]
퀴즈를 풀어 버렸어요.	クイズを解いてしまいました. [쿠이즈오 토이떼 시마이마시따] クイズを解いちゃいました. [쿠이즈오 토이쨔이마시따]

3) 挑戦する 도전하다

도전하고 있어요.	挑戦しています. [쵸-센시떼 이마스]
도전하고 있어.	挑戦している. [쵸-센시떼 이루]
도전하고 있었어요.	挑戦していました. [쵸-센시떼 이마시따]
도전해 볼게요.	挑戦してみます. [쵸-센시떼 미마스]
도전해 볼게.	挑戦してみる. [쵸-센시떼 미루]
도전해 버렸어요.	挑戦してしまいました. [쵸-센시떼 시마이마시따] 挑戦しちゃいました. [쵸-센시쨔이마시따]

4) 一人で作る 혼자서 만들다

혼자서 만들고 있어요.	一人で作っています。 [히또리데 쯔꿋떼 이마스]
혼자서 만들고 있어.	一人で作っている。 [히또리데 쯔꿋떼 이루]
혼자서 만들고 있었어요.	クー人で作っていました。 [히또리데 쯔꿋떼 이마시따]
혼자서 만들어 볼게요.	一人で作ってみます。 [히또리데 쯔꿋떼 미마스]
혼자서 만들어 볼게.	一人で作ってみる。 [히또리데 쯔꿋떼 미루]
혼자서 만들어 버렸어요.	一人で作ってしまいました。 [히또리데 쯔꿋떼 시마이마시따] 一人で作っちゃいました。 [히또리데 쯔꿋쨔이마시따]

레인보우 브릿지를 건너는 오다이바 레인보우 버스

동사 た형 만드는 방법

음... 저번에 사케짱이 오다이바에 가보고 싶다고 했는데 좀 도와주실 수 있나요?

뭘 도와드리면 될까요?

가는 방법이 생각보다 복잡해 보여서요.

한 번 볼까요?

지하철만 타고 가면 너무 많이 갈아타야 하네요.

일본은 지하철이 발달되어서 대부분 버스보단 지하철을 많이 이용하지만, 버스가 편한 곳도 있어요.

시나가와역까지 지하철로 간 다음에 오다이바 레인보우 버스를 타고 가보세요. 레인보우 브릿지를 건너 오다이바 해변으로 도착하는 버스에요.

오호! 레인보우! 이름부터가 왠지 데이트를 성공할 것 같아요!

가즈아!

일본에는 일반 노선 버스 말고도 다양한 버스가 있어서, 잘 이용한다면 도움이 될 거에요.

감사합니닷!

다음날

마구로센세, 오늘 뭔가 자신감이 넘쳐보여.

후후... 그럴만한 일이 있지. 오늘은 나만 믿으라구! 오다이바로 출발!!

시나가와역

여기서 버스를 타면 된다고 했는데... 어디서 타는 거지? 끄응...

챕터 7에서 계속...

일본통 日本通 되기!

버스 バス

도쿄는 철도 중심으로 발달한 도시라서 버스의 노선은 서울만큼 많지 않아요. 하지만, 역에서 내려서 먼 곳을 이동하기에는 버스가 가장 편리한 수단이에요.

1 유료 버스

1) 도영버스 都営バス

노선이 다양하고 다른 대중교통과의 연결이 편리해요.

버스요금은 어른 210엔(어린이 110엔)이에요. 단, 다마지역多摩地区은 구간제 요금을 지불해요.

도영버스

SKY BUS TOKYO

2) SKY BUS TOKYO / SKY HOP BUS / SKYDuck

지붕이 없는 구조의 관광버스예요. 도쿄 타워, 긴자, 레인보우 브릿지에서 야경을 보는 코스도 있어요.

SKY HOP BUS는 24시간 이용권으로 무제한 탑승이 가능해요(어른 4,000엔, 어린이 2,000엔). 12시간 이용권도 구입할 수 있어요(어른 2,800엔, 어린이 1,400엔).

3) 하토버스 はとバス

하토버스는 도쿄 투어버스예요. 다양한 투어가 준비되어 있고, 버스에는 전문 가이드가 친절하게 관광지에 대한 설명을 해주기도 해요.

다양한 코스 중에서 제국호텔帝国ホテル 점심뷔페와 롯폰기 힐즈 전망대 六本木ヒルズ東京シティビュー가 포함된 코스는 어른 10,800엔, 어린이 6,800엔이에요.

4) 커뮤니티 버스

한국의 마을버스 역할을 하는 미니버스예요. 관광 명소로 이동할 때 편리해요. 큰 길보다는 골목길을 위주로 운행하기 때문에 리얼한 도쿄의 모습을 구경하는 재미도 쏠쏠해요. 요금은 100엔이에요.

하토버스   커뮤니티 버스

2 무료 셔틀버스

도쿄의 유명관광지 등을 10~20분 간격으로 순환 운행하고 있어요. 잘 이용하면 경비도 줄이고 이동도 편리하게 할 수 있어요.

1) 마루노우치 셔틀

현지 기업들의 공동 협찬으로 오테마치·마루노우치·유라쿠초 지역을 연결하는 무료 순회버스에요. 영업시간은 오전 8시부터 오후 8시까지고, 평일만 운행해요. 일부 시간대를 제외하고는 12분에서 18분 간격으로 운행되고 있어요. 주말과 1월 1일은 운행하지 않아요.

2) 메트로링크 니혼바시

역사있는 거리, 야에스, 교바시, 니혼바시 지구를 연결하는 무료 무료 순회버스에요. 운행시간은 오전 10시부터 오후 8시까지이고, 약 10분 간격으로 운행하고 있어요. 1월 1일은 운행하지 않아요.

3) 메트로링크 니혼바시 E*라인

도쿄역 야에스구치~니혼바시 지역을 연결하는 무료 순회버스에요. 운행시간은 평일은 오전 8시부터 오후 6시, 주말과 공휴일은 오전 10시부터 오후 8시까지 약 22분 간격으로 운행하고 있어요.

*「E」에는 EDO(에도) · Eco · East · Eat · Enjoy의 의미를 담고 있음.

마루노우치 셔틀

메트로링크 니혼바시

4) 산쿠스 네이챠 버스 サンクスネイチャーバス (Thanks Nature Bus)

폐식용유를 재활용한 연료로 달리는 지유가오카自由が丘 지역의 순환버스예요. 환경보호 일환의 시범 운행을 시작으로 지금은 지역사회 발전을 위해 다양한 활동을 하는 비영리 단체에서 운영하고 있어요. 이 버스는 녹색삼각형의 버스 정류장에서 승하차가 가능하지만, 안전이 확보된 상황이라면 정류장이 아니더라도 손을 들면 태워주거나 내려 주기도 해요. 지역주민뿐만 아니라 누구라도 이용가능한 버스 노선이니 아기자기한 지유가오카 마을을 둘러보기 위해 좋은 수단이에요. 운행 시간은 노선에 따라서 조금 다르지만 오전 11시 25분부터 오후 9시 30분까지예요.

3 버스 타는 방법, 요금 내는 방법

1) 도쿄 23구

도쿄 23구 버스는 앞문으로 타고 뒷문으로 내려요. 요금도 타면서 요금기에 넣으면 되는 시스템이에요. 잔돈이 없을 때는 요금기에 환전기를 통해 동전으로 바꿔서 요금을 계산해서 넣으면 돼요. 버스에 있는 환전기는 1,000엔짜리만 사용할 수 있어요. 요금을 낼 때, 요금보다 더 많은 돈을 넣어도 자동으로 정산되어서 잔돈이 나와요.

내릴 때는 한국과 마찬가지로 하차버튼 누르면 정차해요. 단! 정류장에 완전히 멈추기 전에 자리에서 일어서면 안 돼요. 버스가 완전히 정차하면 뒷문으로 내리면 돼요.

2) 다마지역 多摩地区

다마지역 버스는 뒷문으로 타고 앞문으로 내려요. 탈 때 정리권整理券을 반드시 뽑아야 해요. 탑승지점부터 구역에 따라서 요금이 달라지기 때문에 분실하면 최대요금을 내야 하니까 조심하세요. 내릴 때 갖고 있는 정리권의 번호에 맞

는 금액을 준비해서 내면 돼요. 마찬가지로 버스가 완전히 멈춘 후에 자리에서
일어나는 것 잊지 마세요.

3) 교통카드

도쿄의 대부분의 노선 버스는 PASMO와 Suica를 사용할 수 있어요. 잔돈 걱
정하지 않아도 되니 편리해요.

단 뒷문으로 타고 앞문으로 내리는 버스의 경우, 타면서 정리권 대신 교통카
드를 터치해서 이용요금을 계산하니 잊지 마세요.

일본어정복

1 일본어 동사 た형

 이번에는 동사의 た형 만드는 방법을 알아볼게요.

 た형이요? た형은 뭔가요?

 た형은 과거형이라고도 할 수 있어요.

 과거형이라면 우리말로 이런 건가요?

동사 원형	동사 과거형
가다	갔다
먹다	먹었다
하다	했다

 네! 맞아요. 하지만 과거형은 た형의 대표적인 용법이고 그 밖에도 다양한 역할을 하게 될 거예요.

 た형도 쓰임이 많군요.

 네, 다양한 쓰임이 있어요. 1그룹부터 만드는 방법을 볼게요.

2 1그룹 동사

 1그룹 동사 원형의 마지막 글자는 う つ る ぬ ぶ む く ぐ す 로 끝나요.

 네! 그리고 그걸 5개 파트로 나누는 것도 3권 1강에서 배웠어요.

 그럼, 끝나는 글자에 따라서 5개의 파트로 나누는 규칙을 확인해 볼 게요.

1) う つ る 로 끝나는 동사

2) ぬ ぶ む 로 끝나는 동사

3) く 로 끝나는 동사

4) ぐ 로 끝나는 동사

5) す 로 끝나는 동사

 이번에 배우는 동사의 た형도 이 5개의 파트별로 만드는 방법이 다른가요?

 맞아요. 각각의 마지막 글자를 지우고 다음과 같이 た형을 만드는 장치를 넣어줘야 해요. て형을 만드는 방법과 비슷해요. 다만 て가 들어가야 할 자리에 た를 넣기만 하면 되는 거죠. 이렇게요.

동사 원형의 마지막 글자	て형을 만드는 장치	た형을 만드는 장치
う つ る	って	った
ぬ ぶ む	んで	んだ
く	いて	いた
ぐ	いで	いだ
す	して	した

그럼 た형도 예시를 보여주세요.

 네, 준비했어요.

1) う つ る 로 끝나는 동사 **마지막 글자를 지우고+った**

동사 원형		て형		た형	
か 買う	사다	か 買って	사고 사서	か 買った	샀다
あ 会う	만나다	あ 会って	만나고 만나서	あ 会った	만났다
ま 待つ	기다리다	ま 待って	기다리고 기다려서	ま 待った	기다렸다
も 持つ	갖다 소유하다	も 持って	소유하고 소유해서	も 持った	소유했다
う 売る	팔다	う 売って	팔고 팔아서	う 売った	팔았다
まも 守る	지키다	まも 守って	지키고 지켜서	まも 守った	지켰다

2) ぬ ぶ む 로 끝나는 동사 **마지막 글자를 지우고+んだ**

동사 원형		て형		た형	
し 死ぬ	죽다	し 死んで	죽고 죽어서	し 死んだ	죽었다
よ 呼ぶ	부르다	よ 呼んで	부르고 불러서	よ 呼んだ	불렀다
えら 選ぶ	고르다	えら 選んで	고르고 골라서	えら 選んだ	골랐다
よ 読む	읽다	よ 読んで	읽고 읽어서	よ 読んだ	읽었다
の 飲む	마시다	の 飲んで	마시고 마셔서	の 飲んだ	마셨다

3) く 로 끝나는 동사 마지막 글자를 지우고+いた

동사 원형		て형		た형	
書く か	쓰다	書いて か	쓰고 써서	書いた か	썼다
招く まね	초대하다	招いて まね	초대하고 초대해서	招いた まね	초대했다

※예외 동사

行く 가다 → 行った 갔다
い　　　　　い

4) ぐ 로 끝나는 동사 마지막 글자를 지우고+いだ

동사 원형		て형		た형	
泳ぐ およ	헤엄치다	泳いで およ	헤엄치고 헤엄쳐서	泳いだ およ	헤엄쳤다
急ぐ いそ	서두르다	急いで いそ	서두르고 서둘러서	急いだ いそ	서둘렀다

5) す 로 끝나는 동사 마지막 글자를 지우고+した

동사 원형		て형		た형	
話す はな	이야기하다	話して はな	이야기하고 이야기해서	話した はな	이야기했다
探す さが	찾다	探して さが	찾고 찾아서	探した さが	찾았다

 아, て형을 바꾸는 규칙과 정말 닮았네요. 마지막 글자가 た또는 だ로 끝나고 있네요.

 그렇죠. 이번에도 많은 반복 연습이 필요해요!

3 **2그룹 동사**

 이번에는 2그룹 동사를 た형으로 만드는 방법을 알아볼게요

 이번에도 마지막 글자는 모두 た를 끝나겠죠?

 맞아요. 동사 원형의 마지막 글자를 지우고 た를 붙이면 끝이에요!

동사 원형		て형		た형	
<ruby>食<rt>た</rt></ruby>べる	먹다	<ruby>食<rt>た</rt></ruby>べて	먹고 먹어서	<ruby>食<rt>た</rt></ruby>べた	먹었다
<ruby>考<rt>かんが</rt></ruby>える	생각하다	<ruby>考<rt>かんが</rt></ruby>えて	생각하고 생각해서	<ruby>考<rt>かんが</rt></ruby>えた	생각했다
<ruby>開<rt>あ</rt></ruby>ける	열다	<ruby>開<rt>あ</rt></ruby>けて	열고 열어서	<ruby>開<rt>あ</rt></ruby>けた	열었다
<ruby>見<rt>み</rt></ruby>る	보다	<ruby>見<rt>み</rt></ruby>て	보고 봐서	<ruby>見<rt>み</rt></ruby>た	봤다
<ruby>起<rt>お</rt></ruby>きる	일어나다	<ruby>起<rt>お</rt></ruby>きて	일어나고 일어나서	<ruby>起<rt>お</rt></ruby>きた	일어났다
<ruby>信<rt>しん</rt></ruby>じる	믿다	<ruby>信<rt>しん</rt></ruby>じて	믿고 믿어서	<ruby>信<rt>しん</rt></ruby>じた	믿었다

4 **3그룹 동사**

이제 3그룹 동사를 알아볼게요. 역시 마지막 글자는 た로 끝나요.
단, <ruby>来<rt>く</rt></ruby>る의 来의 읽는 방법이 바뀌니 주의하세요!

동사 원형		て형		た형	
する	하다	して	하고 해서	した	했다
<ruby>来<rt>く</rt></ruby>る	오다	<ruby>来<rt>き</rt></ruby>て	오고 와서	<ruby>来<rt>き</rt></ruby>た	왔다

5 예외 1그룹 동사

 이제 마지막으로 예외 1그룹 동사를 볼게요. 모든 예외 1그룹은 마지막 글자가 る로 끝나니까…

 그럼 마지막 글자를 지우고+った를 하면?!

 정답!

동사 원형		て형		た형	
帰る かえ	돌아가다 돌아오다	帰って かえ	돌아가고 돌아가서 돌아오고 돌아와서	帰った かえ	돌아갔다 돌아왔다
喋る しゃべ	수다 떨다	喋って しゃべ	수다 떨고 수다 떨어서	喋った しゃべ	수다 떨었다
滑る すべ	미끄러지다	滑って すべ	미끄러지고 미끄러져서	滑った すべ	미끄러졌다
入る はい	들어가다 들어오다	入って はい	들어가고 들어가서 들어오고 들어와서	入った はい	들어갔다 들어왔다
走る はし	달리다	走って はし	달리고 달려서	走った はし	달렸다
切る き	자르다	切って き	자르고 잘라서	切った き	잘랐다

원형의 마지막 글자를 지우고 た형을 만드는 장치

그룹		원형의 마지막 글자	て형을 만드는 장치	た형을 만드는 장치
1그룹	1그룹 ①	うつる	って	った
	1그룹 ②	ぬぶむ	んで	んだ
	1그룹 ③	く	いて	いた
	1그룹 ④	ぐ	いで	いだ
	1그룹 ⑤	す	して	した
	1그룹 예외	る	って	った
2그룹		る	て	た
3그룹		する	して	した
		来^くる	来^きて	来^きた

다음 동사 원형을 た형으로 바꾸시오.

동사 원형	그룹	동사 た형
買^かう 사다		
会^あう 만나다		
待^まつ 기다리다		
持^もつ 갖다, 소유하다		
売^うる 팔다		
守^{まも}る 지키다		
死^しぬ 죽다		
呼^よぶ 부르다		
選^{えら}ぶ 고르다		

<ruby>読<rt>よ</rt></ruby>む 읽다		
<ruby>飲<rt>の</rt></ruby>む 마시다		
<ruby>書<rt>か</rt></ruby>く 쓰다		
<ruby>招<rt>まね</rt></ruby>く 초대하다		
<ruby>泳<rt>およ</rt></ruby>ぐ 헤엄치다		
<ruby>急<rt>いそ</rt></ruby>ぐ 서두르다		
<ruby>話<rt>はな</rt></ruby>す 이야기하다		
<ruby>探<rt>さが</rt></ruby>す 찾다		
<ruby>帰<rt>かえ</rt></ruby>る 돌아가다 돌아오다		
<ruby>喋<rt>しゃべ</rt></ruby>る 수다 떨다		
<ruby>滑<rt>すべ</rt></ruby>る 미끄러지다		
<ruby>入<rt>はい</rt></ruby>る 들어가다 들어오다		

走る 달리다		
切る 자르다		
食べる 먹다		
考える 생각하다		
開ける 열다		
見る 보다		
起きる 일어나다		
信じる 믿다		
する 하다		
来る 오다		
行く 가다		

동사 원형	그룹	동사 た형
買う 사다	1그룹 ①	買った [캇따]
会う 만나다	1그룹 ①	会った [앗따]
待つ 기다리다	1그룹 ①	待った [맛따]
持つ 갖다, 소유하다	1그룹 ①	持った [못따]
売る 팔다	1그룹 ①	売った [웃따]
守る 지키다	1그룹 ①	守った [마못따]
死ぬ 죽다	1그룹 ②	死んだ [신다]
呼ぶ 부르다	1그룹 ②	呼んだ [욘다]
選ぶ 고르다	1그룹 ②	選んだ [에란다]
読む 읽다	1그룹 ②	読んだ [욘다]

<ruby>飲<rt>の</rt></ruby>む 마시다	1그룹 ②	<ruby>飲<rt>の</rt></ruby>んだ [논다]
<ruby>書<rt>か</rt></ruby>く 쓰다	1그룹 ③	<ruby>書<rt>か</rt></ruby>いた [카이따]
<ruby>招<rt>まね</rt></ruby>く 초대하다	1그룹 ③	<ruby>招<rt>まね</rt></ruby>いた [마네이따]
<ruby>泳<rt>およ</rt></ruby>ぐ 헤엄치다	1그룹 ④	<ruby>泳<rt>およ</rt></ruby>いだ [오요이다]
<ruby>急<rt>いそ</rt></ruby>ぐ 서두르다	1그룹 ④	<ruby>急<rt>いそ</rt></ruby>いだ [이소이다]
<ruby>話<rt>はな</rt></ruby>す 이야기하다	1그룹 ⑤	<ruby>話<rt>はな</rt></ruby>した [하나시따]
<ruby>探<rt>さが</rt></ruby>す 찾다	1그룹 ⑤	<ruby>探<rt>さが</rt></ruby>した [사가시따]
<ruby>帰<rt>かえ</rt></ruby>る 돌아가다 돌아오다	1그룹 예외	<ruby>帰<rt>かえ</rt></ruby>った [카엣따]
<ruby>喋<rt>しゃべ</rt></ruby>る 수다 떨다	1그룹 예외	<ruby>喋<rt>しゃべ</rt></ruby>った [샤벳따]
<ruby>滑<rt>すべ</rt></ruby>る 미끄러지다	1그룹 예외	<ruby>滑<rt>すべ</rt></ruby>った [스벳따]
<ruby>入<rt>はい</rt></ruby>る 들어가다 들어오다	1그룹 예외	<ruby>入<rt>はい</rt></ruby>った [하잇따]
<ruby>走<rt>はし</rt></ruby>る 달리다	1그룹 예외	<ruby>走<rt>はし</rt></ruby>った [하싯따]

切る 자르다 き	1그룹 예외	切った き [킷따]
食べる 먹다 た	2그룹	食べた た [타베따]
考える 생각하다 かんが	2그룹	考えた かんが [캉가에따]
開ける 열다 あ	2그룹	開けた あ [아께따]
見る 보다 み	2그룹	見た み [미따]
起きる 일어나다 お	2그룹	起きた お [오키따]
信じる 믿다 しん	2그룹	信じた しん [신지따]
する 하다	3그룹	した [시따]
来る 오다 く	3그룹	来た き [키따]
行く 가다 い	*예외 규칙 적용	行った い [잇따]

공항에서 도심으로 갈 땐 정액제 택시를 이용하자!

동사 た형 활용 1 (경험, 완료)

정액제 택시를 예약해 두었으니, 그걸 타고 시내로 가자.

좋았어!

정액제 택시도 한국보다는 꽤 비싼 편이구나.

그래? 나는 한국 택시를 탄 적이 없어요.[1]

피규어도 사줬으니 택시비는 내가 내도록 할게.

너 대식가라 많이 먹는데...

어엇!! 잠깐! 그렇다면 밥은 또 내가 사는 건가!?

아! 밥은 사케짱이 사준대.

이 녀석 다 계획이 있구나...

앗! 사케짱이다.

일본통 日本通 되기!

택시 タクシー

도쿄의 도로에는 서울만큼이나 많은 택시가 달리고 있어요. 기본요금은 420 엔부터 시작해요(도쿄 23구, 무사시노시, 미타카시). 일본 택시를 이용할 때 주의할 점은 자동문이라는 것이에요. 절대 문을 손으로 열고 닫지 마세요. 기사님이 안전을 확인하고 문을 자동으로 열고 닫아요.

그 밖에 도쿄의 독특한 택시 상품을 소개할게요.

1 정액제 택시 空港定額タクシー

나리타 공항이나 하네다 공항에서 도쿄 시내로 이동할 경우는 정액제 택시를 이용하는 편이 저렴해요. 목적지에 따라서 일정금액이 책정되어 있기 때문에 여행객도 안심하고 이용할 수 있어요.

*하네다 공항 택시 탑승 안내 홈페이지
https://tokyo-haneda.com/access/taxi/index.html

하네다 공항 출발 택시 정액제 요금표

지역	정액요금 (5:00~22:00)	정액요금 (22:00~5:00)
치요다구 千代田区	6,100엔	7,200엔
신주쿠구 新宿区	7,300엔	8,600엔
분쿄구 文京区	7,400엔	8,900엔
세타가야구 世田谷区	7,100엔	8,500엔
시부야구 渋谷区	6,800엔	8,100엔

2 관광택시

　자격증을 소지한 택시 기사님이 관광 명소를 돌면서 승객에게 가이드를 해주는 택시예요. 최근에는 다양한 언어로 대응이 가능한 기사님도 예약할 수 있어요.　버스로는 들어갈 수 없는 숨겨진 장소나 지역의 비화 등을 들으면서 자신의 페이스로 자유롭게 도쿄 관광지를 돌아다닐 수 있다는 장점이 있지만, 4시간에 2만 엔이 넘는 요금(일본어 가이드 차량 기준)이 조금 부담스럽기는 해요. 하지만 시간제로 운영하기 때문에 여러 명이 함께 이용한다면 편리하게 다닐 수 있는 수단이에요.

*히노마루 관광택시 홈페이지 https://hinomaru.tokyo/kanko/

관광택시의 장점

① 일행들끼리만 가이드와 함께
　　관광할 수 있어요

② 맞춤형 여행을 할 수 있어요

③ 짐이 많아도 걱정 없어요

④ 시간제로 요금을 내기 때문에
여러 명이 함께하면 부담을 줄일 수 있어요

⑤ 다국어 대응이 가능해요

⑥ 몸이 불편한 분이나 유아와 함께하는
여행에 적합해요

1 택시를 탄 적이 있어요.

タクシーに乗ったことがあります。

タクシーに	乗ったことが	あります
택시를	탄 적이	있어요

 동사의 た형을 활용한 문장을 만들어 볼게요.

1그룹 동사인 乗る를 사용할 거예요. 乗る의 た형은 乗った라고

하죠. 여기에 '일, 것'에 해당하는 こと를 붙이면, 경험을 표현하는

'동작 한 적'이 완성되는 거예요.

乗る	타다
乗ったこと	탄 적

 몇 가지 예를 더 들어 볼게요.

これを選ぶ	이것을 고르다
これを選んだこと	이것을 고른 적

日本に行く	일본에 가다
日本に行ったこと	일본에 간 적

いっしょ で か 一緒に出掛ける	함께 외출하다	
いっしょ で か 一緒に出掛けったこと	함께 외출한 적	

ひとり りょこう 1人で旅行する	혼자서 여행하다	
ひとり りょこう 1人で旅行したこと	혼자서 여행한 적	

 여기에 '~이/가 있어요' 라는 'があります'를 붙이면 '동작한 경험이

있습니다' 라는 표현이 되는 거예요.

1) タクシーに乗ったことがあります。　택시를 탄 적이 있어요.

2) これを選んだことがあります。　이것을 고른 적이 있어요.

3) 日本に行ったことがあります。　일본에 간 적이 있어요.

4) 一緒に出掛けったことがあります。　함께 외출한 적이 있어요.

5) 1人で旅行したことがあります。　혼자서 여행한 적이 있어요.

 그렇다면 반말은 마지막 부분인 'があります'를 'がある'로만 바꾸

면 되는 거죠?

 맞아요! 이렇게요.

1) タクシーに乗ったことがある。　택시를 탄 적이 있어.

2) これを選んだことがある。　이것을 고른 적이 있어.

3) 日本に行ったことがある。　일본에 간 적이 있어.

4) 一緒に出掛けったことがある。　함께 외출한 적이 있어.

5) 1人で旅行したことがある。　혼자서 여행한 적이 있어.

2 택시를 탄 적이 없어요.⁽¹⁾

タクシーに乗ったことがありません。

タクシーに	乗ったことが	ありません
택시를	탄 적이	없어요

 이번에는 '동작한 경험이 없습니다'라는 문장을 만들어 볼 거예요.

 마지막 부분의 '있습니다'에 해당하는 'あります'를 '없습니다'에 해당하는 'ありません'으로 바꾸면 되는 군요!

 네, 이렇게 하면 되겠죠!

1) タクシーに乗ったことがありません。　택시를 탄 적이 없어요.

2) これを選んだことがありません。　이것을 고른 적이 없어요.

3) 日本に行ったことがありません。　일본에 간 적이 없어요.

4) 一緒に出掛けったことがありません。　함께 외출한 적이 없어요.

5) 1人で旅行したことがありません。　혼자서 여행한 적이 없어요.

 그렇다면 반말로 하려면 'ありません'을 뭘로 바꾸면 되는 거죠?

 'ありません'의 반말은 'ない'를 사용해요.

1) タクシーに乗ったことがない。　택시를 탄 적이 없어.

2) これを選んだことがない。　이것을 고른 적이 없어.

3) 日本に行ったことがない。　일본에 간 적이 없어.

4) 一緒に出掛けったことがない。　함께 외출한 적이 없어.

5) 1人で旅行したことがない。　혼자서 여행한 적이 없어.

참고로 동사원형에 こと를 붙이면, '동작하는 것, 일' 이라는 표현이
에요.

 그렇다면 이렇게요?

1) 乗る(の)こと 타는 것, 타는 일
2) 選ぶ(えら)こと 고르는 것, 고르는 일
3) 行く(い)こと 가는 것, 가는 일
4) 出掛ける(で か)こと 외출하는 것, 외출하는 일
5) 旅行する(りょこう)こと 여행하는 것, 여행하는 일

3 이게 어제 먹은 메뉴예요.(2)

これが 昨日(きのう)食べた(た)メニューです。

これが	昨日(きのう)	食べた(た)	メニューです
이게	어제	먹은	메뉴예요

조금 전에 살펴봤던 동사의 た형에 붙인 'こと'는 명사예요. 'こと' 이외에도 다양한 명사를 붙여 볼 수 있겠죠.

 그럼 동사 '食べる'의 た형 '食べた'뒤에 명사를 붙이면, '먹은 메뉴'가 되는군요. 그렇다면 '食べる' 뒤에 명사가 붙으면…

 이렇게 해석할 수 있어요.

1) 食べたメニュー 먹은 메뉴

2) 食べるメニュー 먹을 메뉴/ 먹는 메뉴

 그리고 한 가지 더 있어요. 3권의 4강에서 배운 현재 진행형도 사용해 볼게요.

3) 食べているメニュー 먹고 있는 메뉴

 우리말처럼 동사 시제에 따라서 조금씩 해석이 달라지네요.

 네, 문장으로 만들어 보면 이런 차이를 볼 수 있어요.

1) これが昨日食べたメニューです。 이게 어제 먹은 메뉴예요.

2) これが今日食べるメニューです。 이게 오늘 먹을(먹는) 메뉴예요.

3) これが今食べているメニューです。 이게 지금 먹고 있는 메뉴예요.

4 지금 막 출발했어요.(3)

<ruby>今<rt>いま</rt></ruby><ruby>出発<rt>しゅっぱつ</rt></ruby>したばかりです。

<ruby>今<rt>いま</rt></ruby>	<ruby>出発<rt>しゅっぱつ</rt></ruby>したばかりです
지금	막 출발했어요

 동사의 た형을 사용해서 동작을 완료한지 얼마 되지 않았다는 표현도 할 수 있어요. '출발하다'의 <ruby>出発<rt>しゅっぱつ</rt></ruby>する 를 た형인 <ruby>出発<rt>しゅっぱつ</rt></ruby>した 로 바꾸고, ばかりです를 붙이는 거예요.

 ばかりです가 어떤 의미죠?

 '동작한지 얼마 되지 않았어요'라는 의미를 갖고 있어요.

 아, 그렇다면 이렇게요?

コーヒーを<ruby>飲<rt>の</rt></ruby>む	커피를 마시다
コーヒーを<ruby>飲<rt>の</rt></ruby>んだばかりです	커피를 막 마셨어요

<ruby>昼<rt>ひる</rt></ruby>を<ruby>食<rt>た</rt></ruby>べる	점심을 먹다
<ruby>昼<rt>ひる</rt></ruby>を<ruby>食<rt>た</rt></ruby>べたばかりです	점심을 막 먹었어요

<ruby>完成<rt>かんせい</rt></ruby>する	완성하다
<ruby>完成<rt>かんせい</rt></ruby>したばかりです	막 완성했어요

반말은 ばかりだ를 사용해요.

1) 今出発したばかりだ。　지금 막 출발했어.

2) コーヒーを飲んだばかりだ。　커피를 막 마셨어.

3) 昼を食べたばかりだ。　점심을 막 먹었어.

4) 完成したばかりだ。　막 완성했어.

 '동작을 한지 얼마 되지 않았다' 라는 의미로 사용하기 편하겠네요.

문법정리!

동사 た형의 활용(경험)

乗ったことがあります。	탄 적이 있어요
乗ったことがある。	탄 적이 있어
乗ったことがありません。	탄 적이 없어요
乗ったことがない。	탄 적이 없어

동사 た형의 활용(명사 수식)

食べたメニュー	먹은 메뉴
食べるメニュー	먹을(먹는) 메뉴
食べているメニュー	먹고 있는 메뉴

동사 た형의 활용(명사 수식)

出発したばかりです。	막 출발했어요
出発したばかりだ。	막 출발했어

다음 제시어를 사용하여 문장을 완성하시오.

1) アプリ **앱** 使う^{つか} **사용하다**

이 앱을 사용한 적이 있어요.	
이 앱을 사용한 적이 있어.	
이 앱을 사용한 적이 없어요.	
이 앱을 사용한 적이 없어.	
사용하는(사용할) 앱이에요.	
사용했던(사용한) 앱이에요.	
사용하고 있는 앱이에요.	
이 앱을 (지금)막 사용했어요.	
이 앱을 (지금)막 사용했어.	

2) ドラマ **드라마**　見る **보다**

저 드라마를 본 적이 있어요.	
저 드라마를 본 적이 있어.	
저 드라마를 본 적이 없어요.	
저 드라마를 본 적이 없어.	
보는(볼) 드라마예요.	
봤던(본) 드라마예요.	
보고 있는 드라마예요.	
저 드라마를 (지금)막 봤어요.	
저 드라마를 (지금)막 봤어.	

3) 本ほん 책 読よむ 읽다

그 책을 읽은 적이 있어요.	
그 책을 읽은 적이 있어.	
그 책을 읽은 적이 없어요.	
그 책을 읽은 적이 없어.	
읽는(읽을) 책이에요.	
읽었던(읽은) 책이에요.	
읽고 있는 책이에요.	
그 책을 (지금)막 읽었어요.	
그 책을 (지금)막 읽었어.	

4) ホテル **호텔** 泊まる^と **숙박하다**

그 호텔에 숙박한 적이 있어요.	
그 호텔에 숙박한 적이 있어.	
그 호텔에 숙박한 적이 없어요.	
그 호텔에 숙박한 적이 없어.	
숙박하는(숙박할) 호텔이에요.	
숙박했던(숙박한) 호텔이에요.	
숙박하고 있는 호텔이에요.	
그 호텔에 막(얼마전에) 숙박했어요.	
그 호텔에 막(얼마전에) 숙박했어.	

1) アプリ 앱　使う 사용하다

이 앱을 사용한 적이 있어요.	このアプリを使ったことがあります。 [코노 아프리오 쯔깟따 꼬또가 아리마스]
이 앱을 사용한 적이 있어.	このアプリを使ったことがある。 [코노 아프리오 쯔깟따 꼬또가 아루]
이 앱을 사용한 적이 없어요.	このアプリを使ったことがありません。 [코노 아프리오 쯔깟따 꼬또가 아리마셍]
이 앱을 사용한 적이 없어.	このアプリを使ったことがない。 [코노 아프리오 쯔깟따 꼬또가 나이]
사용하는(사용할) 앱이에요.	使うアプリです。 [쯔까우 아프리데스]
사용했던(사용한) 앱이에요.	使ったアプリです。 [쯔깟따 아프리데스]
사용하고 있는 앱이에요.	使っているアプリです。 [쯔깟떼 이루 아프리데스]
이 앱을 (지금)막 사용했어요.	このアプリを使ったばかりです。 [코노 아프리오 쯔깟따 바까리데스]
이 앱을 (지금)막 사용했어.	このアプリを使ったばかりだ。 [코노 아프리오 쯔깟따 바까리다]

2) ドラマ 드라마　見る 보다

저 드라마를 본 적이 있어요.	あのドラマを見たことがあります。 [아노 도라마오 미따 꼬또가 아리마스]
저 드라마를 본 적이 있어.	あのドラマを見たことがある。 [아노 도라마오 미따 꼬또가 아루]
저 드라마를 본 적이 없어요.	あのドラマを見たことがありません。 [아노 도라마오 미따 꼬또가 아리마셍]
저 드라마를 본 적이 없어.	あのドラマを見たことがない。 [아노 도라마오 미따 꼬또가 나이]
보는(볼) 드라마예요.	見るドラマです。 [미루 도라마데스]
봤던(본) 드라마예요.	見たドラマです。 [미따 도라마데스]
보고 있는 드라마예요.	見ているドラマです。 [미떼 이루 도라마데스]
저 드라마를 (지금)막 봤어요.	あのドラマを見たばかりです。 [아노 도라마오 미따 바까리데스]
저 드라마를 (지금)막 봤어.	あのドラマを見たばかりだ。 [아노 도라마오 미따 바까리다]

3) 本 책 読む 읽다

그 책을 읽은 적이 있어요.	その本を読んだことがあります。 [소노 홍오 욘다 꼬또가 아리마스]
그 책을 읽은 적이 있어.	その本を読んだことがある。 [소노 홍오 욘다 꼬또가 아루]
그 책을 읽은 적이 없어요.	その本を読んだことがありません。 [소노 홍오 욘다 꼬또가 아리마셍]
그 책을 읽은 적이 없어.	その本を読んだことがない。 [소노 홍오 욘다 꼬또가 나이]
읽는(읽을) 책이에요.	読む本です。 [요므 혼데스]
읽었던(읽은) 책이에요.	読んだ本です。 [욘다 혼데스]
읽고 있는 책이에요.	読んでいる本です。 [욘데 이루 혼데스]
그 책을 (지금)막 읽었어요.	その本を読んだばかりです。 [소노 홍오 욘다 바까리데스]
그 책을 (지금)막 읽었어.	その本を読んだばかりだ。 [소노 홍오 욘다 바까리다]

4) ホテル **호텔**　泊(と)まる **숙박하다**

그 호텔에 숙박한 적이 있어요.	そのホテルに泊(と)まったことがあります。 [소노 호테루니 토맛따 꼬또가 아리마스]
그 호텔에 숙박한 적이 있어.	そのホテルに泊(と)まったことがある。 [소노 호테루니 토맛따 꼬또가 아루]
그 호텔에 숙박한 적이 없어요.	そのホテルに泊(と)まったことがありません。 [소노 호테루니 토맛따 꼬또가 아리마셍]
그 호텔에 숙박한 적이 없어.	そのホテルに泊(と)まったことがない。 [소노 호테루니 토맛따 꼬또가 나이]
숙박하는(숙박할) 호텔이에요.	泊(と)まるホテルです。 [토마루 호테루데스]
숙박했던(숙박한) 호텔이에요.	泊(と)まったホテルです。 [토맛따 호테루데스]
숙박하고 있는 호텔이에요.	泊(と)まっているホテルです。 [토맛떼 이루 호테루데스]
그 호텔에 막(얼마전에) 숙박했어요.	そのホテルに泊(と)まったばかりです。 [소노 호테루니 토맛따 바까리데스]
그 호텔에 막(얼마전에) 숙박했어.	そのホテルに泊(と)まったばかりだ。 [소노 호테루니 토맛따 바까리다]

유람선? 버스?
물 위로 다니는
수상 버스

동사 た형 활용 2
(나열, 순서)

챕터 5에 이어서~

우와!! 저 배는 뭐지?

모두 신나고 즐거워 보여.

야카타부네라고 하는 배야.

배에서 유람하면서
연회나 식사를 하는 문화지.
술을 마시거나 노래를 부르거나 해요.[1]

오호

앗... 오다이바 데이트를
저걸로 마무리했어야
했구나...!

크윽!
나의 실수!

예약은 2명 이상부터 된대.
가격은
코스에 따라서 비싸거나 싸거나 해요.[2]

도요스 시장을 구경한 후에 수상 버스를 탑시다.[3]

우동집과 라멘집이 있는데 어떻게 할래?

또 시작 이군...

음... 하필 제일 어려운 선택을 해야 하는군요.

우동이냐 라멘이냐 그것이 문제로다...

우동 국물의 깔끔하고 시원한 맛과, 오통통한 면이 주는 그 식감...

라멘의 면은 얇아서 순식간에 없어지지만, 그 꾸덕하고 든든한 국물...

언제까지 골라?! 내가 정한다! 우동!

넵!! 우동으로!!!

일본통 日本通 되기!
にほんつう

배 船
ふね

대도시 도쿄는 도쿄만을 접하고 있어, 교통수단으로 배를 이용하기도 해요. 그러다 보니 배는 관광수단으로도 발달했고, 특히 회식이나 파티를 위해 배를 빌리기도 할 정도로 다양한 배가 운영되고 있어요.

1 수상 버스

승선장이 다른 철도역과 인접해서, 도쿄 시민에게는 교통수단으로, 관광객들에게는 도쿄의 수변을 즐길 수 있는 수 관광수단으로 일반 수상 버스부터 대형 크루즈까지 다양하게 운영되고 있어요. 유명관광지를 연결하고 있으니, 일정에 맞는다면 한 번쯤 권하고 싶은 교통수단이에요. 대표적인 노선을 소개할게요.

1) 오다이바라인 お台場ライン

히노데산바시日の出桟橋 - 오다이바카이힌공원お台場海浜公園

- 운영시간: 45분 간격

- 요금: 520엔(어린이 260엔)

- 소요시간: 약 20분

2) 히미코라인 ヒミコライン

아사쿠사浅草 - 도요스豊洲 - 하마마츠쵸浜松町 - 아사쿠사浅草

- 운영시간: 2시간 간격

- 요금: 1,200엔(어린이 600엔)

- 소요시간:

아사쿠사 ~ 도요스 약 35분 | 도요스 ~ 하마마츠쵸 ~ 아사쿠사 약 75분

3) 스미다가와라인 隅田川ライン

아사쿠사浅草 - 하마리큐온시 정원浜離宮恩賜庭園
- 히노데산바시日の出桟橋 - 아사쿠사浅草

- 운영시간: 30분 간격

- 요금:

은사 정원 1,040엔(어린이 400엔) | 아사쿠사 ~ 히노데 부두 860엔(어린이 430엔)

- 소요시간: 아사쿠사-히노데 부두 약 40분

* 수상 버스 안내 https://www.suijobus.co.jp/

2 야카타부네 屋形船

도쿄의 경치를 즐기면서 음식과 술을 함께 즐길 수 있어요. 단체라면 배 한척을 전세로 빌리 수도 있고, 개인은 2인 이상부터 예약 할 수 있어요. 요금은 요리코스에 따라서 10,000엔~30,000엔 선으로 다양해요.

1) 야카타부네의 역사

야카타부네는 헤이안시대平安時代부터 있었어요. 당시에는 귀족들 사이에서만 즐기던 문화가 에도시대江戸時代에는 일반시민도 즐기는 대중문화로 자리잡았어요. 이때부터 일본에는 야카타부네 문화가 꽃피기 시작했어요. 내부와 외부를 에도시대 배의 형태를 본따서 운영하는 회사도 있어요.

2) 야카타부네의 식사와 컨셉

야카타부네의 식사코스는 고급 일식집이 부럽지 않을 정도로 다양한 코스가 준비되어 있어요. 운영하는 회사에 따라 다르지만 보통 승선료에 음식과 술이 무제한으로 포함되어 있어요. 요리나 경치를 즐기는 뿐만 아니라 가라오케 시설이 갖춰져 있기도 하고, 닌자忍者 등의 독특한 컨셉으로 운영되거나 낚시를 할 수 있는 야카타부네도 있어요.

3) 야카타부네의 매력

　야카타부네는 아사쿠사浅草와 오다이바お台場, 시나가와品川와 같은 번화가와 인접한 곳에서 출발해서 도쿄만을 느린속도로 이동해요. 그래서 배 한척을 빌려서 야경을 즐기며 회식을 하는 회사도 있어요. 봄에는 벚꽃놀이, 여름에는 불꽃놀이 등 계절마다의 경치를 물 위에서 즐길 수 있는 것도 야카타부네의 매력 중 하나예요.

일본어정복

1 술을 마시거나 노래를 부르거나 해요.⁽¹⁾

お酒を飲んだり歌を歌ったりします。

お酒を	飲んだり	歌を	歌ったり	します
술을	마시거나	노래를	부르거나	해요

 동사의 た형을 활용한 동작의 나열을 표현하는 문장을 만들어 볼게요.

 동작의 나열이라면 여러가지 동작에 대해서 한 문장에서 말할 수 있게 되겠네요.

 네, 예를 들어 우리말로 이런 문장이에요.

    1) 주말에는 산책을 하거나 청소를 하거나 해요.

    2) 오늘은 텔레비전을 보거나 책을 읽거나 했어요.

 그럼 문장 하나에 동사가 여러 개 들어가겠네요.

 그렇죠.

    飲む 마시다, 歌う (노래를)부르다, する 하다

세 개의 동사를 사용한 문장을 만들어 볼게요.

나열할 동작은 '마시다'와 '부르다'예요. 각각 동사 た형에 り를 붙이면 동작의 나열을 표현할 수 있어요.

飲む <small>の</small>	마시다
飲んだ <small>の</small>	마셨다
飲んだり <small>の</small>	마시거나

歌う <small>うた</small>	부르다
歌った <small>うた</small>	불렀다
歌ったり <small>うた</small>	부르거나

 동사 た의 대표적인 용법인 과거형의 해석과는 전혀 다른 용법이네요.

 맞아요. 동사 た형의 용법은 여러가지가 있어요. 그럼 문장으로 만들어 보면 이렇게 되겠죠.

마시거나 飲んだり<small>の</small> + 부르거나 歌ったり<small>うた</small> + 해요 します

 우리말과 마찬가지로 마지막에 '해요'로 마무리하면 되겠군요. 그렇다면 과거시제도로 표현할 수 있다는 거네요. 예를 들면 이렇게요.

お酒を <small>さけ</small>	飲んだり <small>の</small>	歌を <small>うた</small>	歌ったり <small>うた</small>	しました
술을	마시거나	노래를	부르거나	했어요

 정답입니다!

그리고 한 가지 동작만 표현할 수도 있어요. 다른 동작이 생략되어 있다는 뉘앙스로 표현하는 거죠.

예를 들어서 야카타부네에서 여러가지 행동을 하지만, 그 중에 '야경을 즐기다'라는 행동에 대해서 이야기한다면 이렇게 말할 수 있어요.

屋形船で	夜景を	楽しんだり	します
야카타부네에서	야경을	즐기거나	해요

2 코스에 따라서 비싸거나 싸거나 해요.(2)

コースによって、高かったり安かったりします。

コースによって	高かったり	安かったり	します
코스에 따라서	비싸거나	싸거나	해요

 동작의 나열 뿐만 아니라 형용사나 명사를 나열할 수도 있어요.

 이때도 た형+り 의 형태를 사용하네요.

 맞아요. 그래서 이 용법을 저는 'たり たり する'용법이라고 불러요.

 '왔다리 갔다리' 가 떠오르는 건 기분탓인가…

 먼저 형용사와 명사의 た형을 정리해볼게요.

 오랜만에 해보네요.

1) 이형용사: 어미 い를 지우고 かった를 붙인다

高い 비싸다/높다 → 高かった 비쌌다/높았다

2) 나형용사: 어미 だ를 지우고 だった를 붙인다

静かだ 조용하다 → 静かだった 조용했다

3) 명사: だった를 붙인다

パン 빵 → パンだった 빵이었다

 각각의 た형에 り를 붙여볼게요.

1) 高かったり 비싸거나

2) 静かだったり 조용하거나

3) パンだったり 빵이거나

 역시 나열의 문장에 사용할 수 있겠네요.

 네 각각의 예문을 하나씩 만들어 볼게요.

1) 이형용사

コースによって	高かったり	安かったり	します
코스에 따라서	비싸거나	싸거나	해요

2) 나형용사

時間によって	静かだったり	にぎやかだったり	します
시간에 따라서	조용하거나	북적거리거나	해요

3) 명사

朝は あさ	パンだったり	シリアルだったり	します
아침은	빵이거나	시리얼이거나	해요

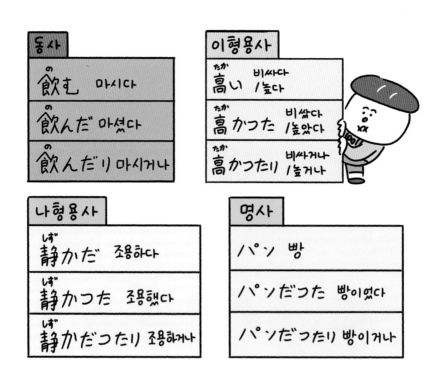

동사

飲む 마시다
の

飲んだ 마셨다
の

飲んだり 마시거나
の

이형용사

高い 비싸다 / 높다
たか

高かった 비쌌다 / 높았다
たか

高かったり 비싸거나 / 높거나
たか

나형용사

静かだ 조용하다
しず

静かだった 조용했다
しず

静かだったり 조용하거나
しず

명사

パン 빵

パンだった 빵이었다

パンだったり 빵이거나

3 도요스 시장을 구경한 후에 수상 버스를 탑시다.(3)

とよすしじょう けんぶつ あと すいじょう の
豊洲市場を見物した後で水上バスに乗りましょう。

とよすしじょう 豊洲市場を	けんぶつ あと 見物した後で	すいじょう 水上バスに	の 乗りましょう
도요스 시장을	구경한 후에	수상 버스를	탑시다

 조금 전에 살펴봤던 동사의 た형에 あと 後で 를 붙이면 '동작한 후에' 라는 표현을 할 수 있어요.

 見物する 가 '구경하다' 이니까 た형인 見物した 는 '구경했다' 가 되겠네요.

けんぶつ けんぶつ けんぶつ あと
見物する 구경하다 - 見物した 구경했다 - 見物した後で 구경한 후에

 맞아요. 다양한 동사에 활용해서 동작의 순서를 표현할 수 있어요.

 잠깐만요! 3권 2강에서 배운 동사의 て형+から는 무슨 차이가 있는 건가요?

 좋은 질문이에요! 見物してから(구경하고 나서)와 바꾸어서 사용할 수 있어요.

とよすしじょう 豊洲市場を	けんぶつ 見物してから	すいじょう 水上バスに	の 乗りましょう
도요스 시장을	구경하고 나서	수상 버스를	탑시다

 하지만, 언제나 바꾸어 쓸 수 있는 건 아니에요.
동작의 전후가 상관관계가 있는 경우에는 바꾸면 부자연스러운 표현이 되기도 해요.

 동작의 상관관계라면 예를 들어 어떤 건가요?

다음의 예문과 같이 앞의 동작이 뒤에 이어지는 동작이 이루어지기 위한 조건인 경우는 동사의 て형+から를 사용하는 것이 자연스러워요.

1) 티켓을 구입하고 **나서** 들어갈 수 있어요.
チケットを買っ**てから**入ることができます。

2) 먼저 손을 씻고 **나서** 밥을 먹으세요.
まず手を洗っ**てから**ご飯を食べてください。

4 저녁식사 후에 야경을 보러 갑시다.(4)

晩御飯の後で、夜景を見に行きましょう。

ばんごはん あと 晩御飯の後で	やけい 夜景を	み 見に	い 行きましょう
저녁식사 후에	야경을	보러	갑시다

 방금 배운 '동작한 후에' 라는 표현을 명사에도 응용해 볼게요.
'저녁식사'의 晩御飯 뒤에 の後で 를 붙이면 '저녁식사 후에' 라는 표현이 되는 거예요.

 이번에는 の가 들어가네요.

 맞아요. 명사에 붙일 때는 の가 반드시 들어가야해요.

 그리고 저 見に라는 표현은 2권의 6강에서 배운 '동작하러'라는 표현이네요.

 잘 기억하고 있네요. 동사의 ます형에 に를 붙이면 '동작하러'라는 표현을 할 수 있었죠!

그럼요!

 예문을 더 볼게요.

授業の後で	図書館で	勉強しました
수업 후에	도서관에서	공부했어요

パーティーの後で	友達と	ラーメン屋に	行った
파티 후에	친구와	라면가게에	갔다

た형의 활용(나열)

동사	楽^{たの}しんだりします。	즐기거나 해요
이형용사	高^{たか}かったりします。	비싸거나 해요
나형용사	にぎやかだったりします。	북적거리거나 해요
명사	シリアルだったりします。	시리얼이거나 해요

동사 た형의 활용(동작의 순서)

見物^{けんぶつ}した後^{あと}で	구경한 후에
見物^{けんぶつ}してから	구경하고 나서

명사의 활용(동작의 순서)

晩御飯^{ばんごはん}の後^{あと}で	저녁식사 후에
授業^{じゅぎょう}の後^{あと}で	수업 후에
パーティーの後^{あと}で	파티 후에

다음 제시어를 사용하여 문장을 완성하시오.

제시어	문장
音楽を聞く 음악을 듣다 本を読む 책을 읽다	음악을 듣거나 책을 읽거나 해요.
ゲームする 게임을 하다 ネットフリックスを見る 넷플릭스를 보다	게임을 하거나 넷플릭스를 보거나 해요.
走る 뛰다, 달리다 歩く 걷다	뛰거나 걷거나 해요.
コーヒーを飲む 커피를 마시다 ケーキを食べる 케이크를 먹다	커피를 마시거나 케이크를 먹거나 해요.
友達に会う 친구를 만나다 ネットカフェに行く PC방에 가다	친구를 만나거나 PC방에 가거나 해요.
ユーチューブを見る 유튜브를 보다	유튜브를 보거나 해요.
旅行に行く 여행을 가다	여행을 가거나 해요.
一人飲みする 혼술하다	혼술하거나 해요.
勉強する 공부하다	공부하거나 해요.
買い物する 쇼핑하다	쇼핑하거나 해요.

문장

제시어	문장
寒<ruby>さむ</ruby>い 춥다 暑<ruby>あつ</ruby>い 덥다	춥거나 덥거나 해요.
広<ruby>ひろ</ruby>い 넓다 狭<ruby>せま</ruby>い 좁다	넓거나 좁거나 해요.
辛<ruby>から</ruby>い 맵다 塩辛<ruby>しおから</ruby>い 짜다	맵거나 짜거나 해요.
眠<ruby>ねむ</ruby>い 졸리다	졸리거나 해요.
遅<ruby>おそ</ruby>い 늦다	늦거나 해요.
便利<ruby>べんり</ruby>だ 편리하다 不便<ruby>ふべん</ruby>だ 불편하다	편리하거나 불편하거나 해요.
上手<ruby>じょうず</ruby>だ 잘하다 下手<ruby>へた</ruby>だ 못하다	잘하거나 못하거나 해요.
暇<ruby>ひま</ruby>だ 한가하다 忙<ruby>いそが</ruby>しい 바쁘다	한가하거나 바쁘거나 해요.
退屈<ruby>たいくつ</ruby>だ 심심하다	심심하거나 해요.
大変<ruby>たいへん</ruby>だ 힘들다	힘들거나 해요.

문장

제시어	문장
バス 버스 地下鉄 지하철 <ruby>地下鉄<rt>ち か てつ</rt></ruby> 지하철	버스이거나 지하철이거나 해요. (버스를 타거나 지하철을 타거나 해요)
<ruby>日本語<rt>に ほん ご</rt></ruby> 일본어 <ruby>中国語<rt>ちゅうごく ご</rt></ruby> 중국어	일본어이거나 중국어이거나 해요.
<ruby>旅行<rt>りょこう</rt></ruby> 여행 <ruby>出張<rt>しゅっちょう</rt></ruby> 출장	여행이거나 출장이거나 해요.
<ruby>お弁当<rt>べん とう</rt></ruby> 도시락	도시락이거나 해요.
<ruby>学生<rt>がくせい</rt></ruby> 학생	학생이거나 해요.

문장

정답확인

제시어	문장
<ruby>音<rt>おんがく</rt></ruby><ruby>楽を聞<rt>き</rt></ruby>く 음악을 듣다 <ruby>本<rt>ほん</rt></ruby>を<ruby>読<rt>よ</rt></ruby>む 책을 읽다	음악을 듣거나 책을 읽거나 해요.
ゲームする 게임을 하다 ネットフリックスを<ruby>見<rt>み</rt></ruby>る 넷플릭스를 보다	게임을 하거나 넷플릭스를 보거나 해요.
<ruby>走<rt>はし</rt></ruby>る 뛰다, 달리다 <ruby>歩<rt>ある</rt></ruby>く 걷다	뛰거나 걷거나 해요.
コーヒーを<ruby>飲<rt>の</rt></ruby>む 커피를 마시다 ケーキを<ruby>食<rt>た</rt></ruby>べる 케이크를 먹다	커피를 마시거나 케이크를 먹거나 해요.
<ruby>友<rt>ともだち</rt></ruby>達に<ruby>会<rt>あ</rt></ruby>う 친구를 만나다 ネットカフェに<ruby>行<rt>い</rt></ruby>く PC방에 가다	친구를 만나거나 PC방에 가거나 해요.
ユーチューブを<ruby>見<rt>み</rt></ruby>る 유튜브를 보다	유튜브를 보거나 해요.
<ruby>旅<rt>りょこう</rt></ruby>行に<ruby>行<rt>い</rt></ruby>く 여행을 가다	여행을 가거나 해요.
<ruby>一<rt>ひとり</rt></ruby>人<ruby>飲<rt>の</rt></ruby>みする 혼술하다	혼술하거나 해요.
<ruby>勉<rt>べんきょう</rt></ruby>強する 공부하다	공부하거나 해요.
<ruby>買<rt>か</rt></ruby>い<ruby>物<rt>もの</rt></ruby>する 쇼핑하다	쇼핑하거나 해요.

문장

음楽を聞いたり本を読んだりします。
[옹가꾸오 키이따리 홍오 욘다리 시마스]

ゲームをしたりネットフリックスを見たりします。
[게-므오 시따리 넷또흐릭스오 미따리 시마스]

走ったり歩いたりします。
[하싯따리 아루이따리 시마스]

コーヒーを飲んだりケーキを食べたりします。
[코-히-오 논다리 케-끼오 타베따리 시마스]

友達に会ったりネットカフェに行ったりします。
[토모다찌니 앗따리 넷또카훼니 잇따리 시마스]

ユーチューブを見たりします。
[유-츄-브오 미따리 시마스]

旅行に行ったりします。
[료꼬-니 잇따리 시마스]

一人飲みしたりします。
[히또리노미 시따리 시마스]

勉強したりします。
[벵꾜- 시따리 시마스]

買い物したりします。
[카이모노 시따리 시마스]

제시어	문장
<ruby>寒<rt>さむ</rt></ruby>い 춥다 <ruby>暑<rt>あつ</rt></ruby>い 덥다	춥거나 덥거나 해요.
<ruby>広<rt>ひろ</rt></ruby>い 넓다 <ruby>狭<rt>せま</rt></ruby>い 좁다	넓거나 좁거나 해요.
<ruby>辛<rt>から</rt></ruby>い 맵다 <ruby>塩辛<rt>しおから</rt></ruby>い 짜다	맵거나 짜거나 해요.
<ruby>眠<rt>ねむ</rt></ruby>い 졸리다	졸리거나 해요.
<ruby>遅<rt>おそ</rt></ruby>い 늦다	늦거나 해요.
<ruby>便利<rt>べんり</rt></ruby>だ 편리하다 <ruby>不便<rt>ふべん</rt></ruby>だ 불편하다	편리하거나 불편하거나 해요.
<ruby>上手<rt>じょうず</rt></ruby>だ 잘하다 <ruby>下手<rt>へた</rt></ruby>だ 못하다	잘하거나 못하거나 해요.
<ruby>暇<rt>ひま</rt></ruby>だ 한가하다 <ruby>忙<rt>いそが</rt></ruby>しい 바쁘다	한가하거나 바쁘거나 해요.
<ruby>退屈<rt>たいくつ</rt></ruby>だ 심심하다	심심하거나 해요.
<ruby>大変<rt>たいへん</rt></ruby>だ 힘들다	힘들거나 해요.

문장
<ruby>寒<rt>さむ</rt></ruby>かったり<ruby>暑<rt>あつ</rt></ruby>かったりします。 [사무깟따리 아쯔깟따리 시마스]
<ruby>広<rt>ひろ</rt></ruby>かったり<ruby>狭<rt>せま</rt></ruby>かったりします。 [히로깟따리 세마깟따리 시마스]
<ruby>辛<rt>から</rt></ruby>かったり<ruby>塩辛<rt>しおから</rt></ruby>かったりします。 [카라깟따리 시오카라깟따리 시마스]
<ruby>眠<rt>ねむ</rt></ruby>かったりします。 [네므깟따리 시마스]
<ruby>遅<rt>おそ</rt></ruby>かったりします。 [오소깟따리 시마스]
<ruby>便利<rt>べんり</rt></ruby>だったり<ruby>不便<rt>ふべん</rt></ruby>だったりします。 [벤리닷따리 후벤닷따리 시마스]
<ruby>上手<rt>じょうず</rt></ruby>だったり<ruby>下手<rt>へた</rt></ruby>だったりします。 [죠-즈닷따리 헤타닷따리 시마스]
<ruby>暇<rt>ひま</rt></ruby>だったり<ruby>忙<rt>いそが</rt></ruby>しかったりします。 [히마닷따리 이소가시깟따리 시마스]
<ruby>退屈<rt>たいくつ</rt></ruby>だったりします。 [타이쿠쯔닷따리 시마스]
<ruby>大変<rt>たいへん</rt></ruby>だったりします。 [타이헨닷따리 시마스]

제시어	문장
バス 버스 地下鉄 지하철 <small>ち か て つ</small>	버스이거나 지하철이거나 해요. (버스를 타거나 지하철을 타거나 해요)
日本語 일본어 <small>に ほ ん ご</small> 中国語 중국어 <small>ちゅうごくご</small>	일본어이거나 중국어이거나 해요.
旅行 여행 <small>りょこう</small> 出張 출장 <small>しゅっちょう</small>	여행이거나 출장이거나 해요.
お弁当 도시락 <small>べんとう</small>	도시락이거나 해요.
学生 학생 <small>がくせい</small>	학생이거나 해요.

문장

バスだったり地下鉄だったりします。
[바스닷따리 치까떼쯔닷따리 시마스]

日本語だったり中国語だったりします。
[니홍고닷따리 츄-고꾸고닷따리 시마스]

旅行だったり出張だったりします。
[료꼬-닷따리 슛쵸-닷따리 시마스]

お弁当だったりします。
[오벤또닷따리 시마스]

学生だったりします。
[각세-닷따리 시마스]

자전거를 빌려서 현지인 기분을 내보자!

동사 た형 활용 3 (충고, 제안, 가정)

으으으~
덥다 더워~

일본의 여름은
꼭 찜질방에
온 것 같이 더워요.

여기 코엔지는
처음 와봐요.

신주쿠, 하라주쿠 같은
관광지에 비해
덜 알려진 곳이죠.

아기자기한 빈티지 의류,
소품들과 장난감이
많아요.

오호!
딱 제 취향이군요!!

오늘 다니면서 빨간색 자전거를 유난히 많이 보지 않았나요?

그런 거 같기도 해요...

NTT 도코모에서 운영하는 렌탈 자전거 시스템이에요.

docomo

한국에 있는 서울 따릉이 같은 시스템이죠.

아하! 따릉이!!

따르릉 따르릉 비켜 가세요~

...

...

부끄 부끄

앗! 마침 발견!

어떻게 이용 해야하나요. 저 이런 거 되게 못하는데...

으아아

걱정마세요. 교통카드가 있으면 누구라도 빌릴 수 있어요.(3)

전철이나 버스보다 여유롭게 도쿄를 느끼고 싶다면 자전거를 추천해요. 최근에는 숙박하는 호텔이나 게스트하우스에서 자전거를 빌려주는 곳도 많아지고 있어요. 그리고 서울의 '따릉이'와 같은 자전거 공유 시스템이 잘 되어 있어요. 빌리는 곳과 반납하는 곳이 달라도 된다는 큰 장점이 있죠.

단 일본에서는 자전거를 세울 때는 반드시 정해진 구역에 세워야 해요. 일본은 자전거가 일종의 교통수단으로 자리잡았기 때문에 아무 곳에 세우면 철거해 가는 경우가 많아요.

자전거 공유 시스템 중에 가장 편하게 이용할 수 있는 도코모 바이크 셰어 서비스bike share service를 소개할게요.

1 도코모 바이크 셰어 서비스

도코모 바이크 셰어 서비스는 이동통신사인 NTT 도코모에서 운영하는 렌털 자전거 시스템이에요. 통신사의 IT 기술을 활용하여 관리와 운영체계를 잡았고, 자전거는 파나소닉의 전동 자전거를 도입했어요. 이 전동 자전거는 변속기와 전동 어시스트를 장착해서 초보자도 언덕길을 편하게 오를 수 있어요. 단, 성인용 자전거만 준비되어 있기 때문에 키가 145cm 이상이어야 이용이 가능해요. 또한 개정당 한 번에 한 대만 렌털이 가능하니 필요한 자전거 수 만큼 스마트폰으로 계정 등록을 해야해요.

1) 요금체계

회원가입 시 등록한 신용카드로 결제할 수도 있고, 교통카드(IC카드) 로 결제할 수도 있어요. 지역에 따라 1일 프리패스의 요금은 1,048엔에서 2,200엔까지 다양해요.

도쿄도 메구로구目黒区의 이용요금을 살펴보면 다음과 같아요.

1회 이용: 30분 165엔

월정액권: 월 2,200엔으로 30분 미만 이용은 무제한 이용가능

(30분 초과시 30분에 165엔 추가)

1일 패스: 1,650엔 (당일 23시 59분까지 반환 기준)

2) 이용 방법

1 웹사이트를 통해 회원가입을 해요.

1) https://docomo-cycle.jp/에 접속해
회원등록会員登録[かいいんとうろく] 버튼을 누르세요.

2) 렌털바이크를 이용하고자 하는 지역을 선택하고,
'회원등록하기会員登録する[かいいんとうろく]'를 누르세요.

3) 아이디 / 비밀번호 / 비밀번호 확인 / 성 / 이름 / 이메일 / 이메일 확인

위 순서대로 알파벳으로 입력하세요.

4) 회원플랜에 들어가서 원하는 옵션을 선택하세요.

1회 이용 1回会員[かいかいいん] | 월정액 이용 月額会員[げつがくかいいん]

5) 휴대전화번호를 입력하세요.

(예: 001821012345678, 해외전화+국가번호+휴대전화번호)

6) 생년월일, 성별을 입력하세요.

7) 우편번호는 숙박하는 곳의 우편번호를 입력해도 되고 모른다면,

3자리+4자리로 임의로 입력해도 가입에는 문제가 없어요.

8) 회원등록여부会員証登録[かいいんしょうとうろく]에 등록하기登録する[とうろく]를 체크하고,
이용목적利用目的[りようもくてき]에는 관광観光[かんこう]으로 체크해요.

9) '등록하기登録する[とうろく]'를 누르면 완료!

2 내 위치에서 가까운 보관장소를 찾아서

자전거를 예약해요.

전용 앱을 사용하면 더 편하게 찾을 수 있어요.

(ドコモ·バイクシェア - バイクシェアサービス)

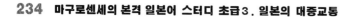

③ 자전거에 부착된 단말기에
스타트start 버튼을 누르고
비밀번호를 입력해서
자전거의 잠금을 해제해요.

④ 전기 자전거이니 전원버튼을 누르고 전동 어시스트를 활용하면 더 편하게 탈 수 있어요. 야간에는 조명 켜는 것도 잊지 마세요. 조명을 켜지 않고 타면 순찰 중인 경찰에게 주의를 듣기도 해요.

⑤ 반납할 때는 지정장소에서
잠금 장치를 수동으로 잠그고
엔터enter 버튼을 누르세요.

일본어정복

1 자전거를 빌리는 편이 좋아요.(1)

自転車を借りた方がいいです。
じてんしゃ か ほう

自転車を じてんしゃ	借りた方が か ほう	いいです
자전거를	빌리는 편이	좋아요

 동사의 た형을 활용한 동작의 충고하는 표현을 만들어 볼게요.

 이번에도 동사의 た형의 과거형의 용법과는 거리가 먼 용법이네요.

 네, 다양한 용법 중에 '충고'의 용법이라고 생각하면 돼요.

 '빌리다' 라는 借りる의 た형은 借りた로 '빌렸다' 라는 해석이 되겠
か か
네요.

 이 借りた에 方がいいです를 붙이면, '빌리는'으로 해석이 달라져
か ほう
요.

借りる か	빌리다
借りた か	빌렸다
借りた方がいいです か ほう	빌리는 편이 좋아요

 완전하게 다른 해석이네요.

 다른 동사로도 만들어 볼게요.

歩^{ある}く	걷다
歩^{ある}いた	걸었다
歩^{ある}いた方^{ほう}がいいです	걷는 편이 좋아요

覚^{おぼ}える	외우다, 익히다
覚^{おぼ}えた	외웠다
覚^{おぼ}えた方^{ほう}がいいです	외우는 편이 좋아요

登録^{とうろく}する	등록하다
登録^{とうろく}した	등록했다
登録^{とうろく}した方^{ほう}がいいです	등록하는 편이 좋아요

 반말은 어떻게 만들면 될까요?

 음, 이형용사로 끝나고 있으니 です만 빼면 되겠네요.

 그렇죠!

1) 自転車^{じてんしゃ}を借^かりた方^{ほう}がいい。　자전거를 빌리는 편이 좋아.

2) 歩^{ある}いた方^{ほう}がいい。　걷는 편이 좋아.

3) 覚^{おぼ}えた方^{ほう}がいい。　외우는 편이 좋아.

4) 登録^{とうろく}した方^{ほう}がいい。　등록하는 편이 좋아.

2 자전거 셰어 서비스를 이용하는 것이 어때요?(2)

自転車のシェアサービスを利用したらどうですか？

自転車のシェアサービスを	利用したら	どうですか？
자전거 셰어 서비스를	이용하는 것이	어때요?

 이번에는 동사의 た형을 사용해서 '제안'이나 '권유'의 표현에 대해서 알아볼게요.

 앞에서 봤던 '충고'보다는 부드러운 표현이 되겠네요.

 맞아요. 상대방의 의견을 존중한다는 뉘앙스를 갖고 있는 표현이에 요.

 회화에서는 이 용법을 사용하는 것이 더 부드러운 대화를 할 수 있겠 네요.

 이번에도 た형의 해석이 완전히 달라져요.
'이용하다'의 利用する의 た형은 利用した '이용했다'가 되죠.
여기에 ら를 붙여서 利用したら가 되면, '이용하는 것이' '이용한다 면' 등의 해석이 되는 거예요.

利用する	이용하다
利用した	이용했다
利用したら	이용하는 것이 이용한다면

동사의 た형은 정말 여러가지 얼굴을 갖고 있네요!

<ruby>手伝<rt>てつだ</rt></ruby>う	돕다
<ruby>手伝<rt>てつだ</rt></ruby>った	도왔다
<ruby>手伝<rt>てつだ</rt></ruby>ったら	돕는 것이 돕는다면

<ruby>教<rt>おし</rt></ruby>える	가르치다
<ruby>教<rt>おし</rt></ruby>えた	가르쳤다
<ruby>教<rt>おし</rt></ruby>えたら	가르치는 것이 가르친다면

キャンセルする	캔슬하다
キャンセルした	캔슬했다
キャンセルしたら	캔슬하는 것이 캔슬한다면

그렇다면 '제안'과 '권유'의 반말 표현도 알아 볼게요.

1) 自転車のシェアサービスを利用したらどう？
자전거 셰어 서비스를 이용하는 게 어때?

2) 手伝ったらどう？ 돕는 게 어때?

3) 教えたらどう？ 가르치는 게 어때?

4) キャンセルしたらどう？ 캔슬하는 게 어때?

 마지막 부분을 どう？로만 바꾸면 되는 군요!

3 교통카드(IC카드)가 있으면 누구라도 빌릴 수 있어요.(3)

ICカードがあったら誰でも借りることができます。

ICカードが	あったら	誰でも	借りることができます
교통카드가	있으면	누구라도	빌릴 수 있어요

 조금 전에 살펴봤던 동사의 た형에 ら를 붙인 해석 중에서, '동작한
다면'이라는 해석도 사용해 볼게요.

 '동작한다면' 이라면 '가정'의 용법 중에 하나인가요?

 맞아요. 동사 た형의 또 다른 얼굴이라고 할 수 있어요.

 동사 た형의 능력은 정말… 무궁무진하네요.

ある	있다
あった	있었다
あったら	있다면

 다른 동사에도 만들어 볼게요.

座る	앉다
座った	앉았다
座ったら	앉는다면

<ruby>始<rt>はじ</rt></ruby>める	시작하다	
<ruby>始<rt>はじ</rt></ruby>めた	시작했다	
<ruby>始<rt>はじ</rt></ruby>めたら	시작했다면	

<ruby>予約<rt>よやく</rt></ruby>する	예약하다	
<ruby>予約<rt>よやく</rt></ruby>した	예약했다	
<ruby>予約<rt>よやく</rt></ruby>したら	예약한다면	

문법정리!

동사 た형의 활용(충고)

借りた方がいいです。	빌리는 편이 좋아요.
借りた方がいい。	빌리는 편이 좋아.

동사 た형의 활용(제안, 권유)

利用したらどうですか？	이용하는 것이 어때요?
利用したらどう？	이용하는 것이 어때?

동사 た형의 활용(가정)

ICカードがあったら	교통카드가 있으면
予約したら	예약한다면

다음 제시어를 사용하여 문장을 완성하시오.

제시어	문장
本を沢山読む ほん たくさん よ 책을 많이 읽다	책을 많이 읽는 편이 좋아요. 책을 많이 읽는 편이 좋아.
毎日 運動する まいにち うんどう 매일 운동하다	매일 운동하는 편이 좋아요. 매일 운동하는 편이 좋아.
ゆっくり 歩く ある 천천히 걷다	천천히 걷는 편이 좋아요. 천천히 걷는 편이 좋아.
誰かに 話す だれ はな 누군가에게 이야기하다	누군가에게 이야기하는 편이 좋아요. 누군가에게 이야기하는 편이 좋아.
もっと 勉強する べんきょう 더 공부하다	더 공부하는 편이 좋아요. 더 공부하는 편이 좋아.
よく 見る み 잘 보다	잘 보는 편이 좋아요. 잘 보는 편이 좋아.

문장

제시어	문장
ほん たくさん よ 本を沢山読む 책을 많이 읽다	책을 많이 읽는 게 어때요?
	책을 많이 읽는 게 어때?
まいにち うんどう 毎日 運動する 매일 운동하다	매일 운동하는 게 어때요?
	매일 운동하는 게 어때?
ある ゆっくり 歩く 천천히 걷다	천천히 걷는 게 어때요?
	천천히 걷는 게 어때?
だれ はな 誰かに 話す 누군가에게 이야기하다	누군가에게 이야기하는 게 어때요?
	누군가에게 이야기하는 게 어때?
べんきょう もっと 勉強する 더 공부하다	더 공부하는 게 어때요?
	더 공부하는 게 어때?
み よく 見る 잘 보다	잘 보는 게 어때요?
	잘 보는 게 어때?

문장

제시어	문장
本を読む 책을 읽다 ほん よ 疲れる 피곤하다 つか	책을 읽으면 피곤해져요. 책을 읽으면 피곤해져.
運動する 운동하다 うんどう 健康になる 건강해지다 けんこう	운동하면 건강해져요. 운동하면 건강해져.
歩く 걷다 ある 遅刻する 지각하다 ち こく	걸으면 지각해요. 걸으면 지각해.
話す 이야기하다 はな びっくりする 깜짝 놀라다	이야기하면 깜짝 놀랄 거예요. 이야기하면 깜짝 놀랄 거야.
勉強する 공부하다 べんきょう 合格できる 합격할 수 있다 ごうかく	공부하면 합격할 수 있어요. 공부하면 합격할 수 있어.
見る 보다 み 分かる 알다 わ	보면 알아요. 보면 알아.

문장

제시어	문장
ほん たくさん よ **本を沢山読む** 책을 많이 읽다	책을 많이 읽는 편이 좋아요. 책을 많이 읽는 편이 좋아.
まいにち うんどう **毎日 運動する** 매일 운동하다	매일 운동하는 편이 좋아요. 매일 운동하는 편이 좋아.
ある **ゆっくり 歩く** 천천히 걷다	천천히 걷는 편이 좋아요. 천천히 걷는 편이 좋아.
だれ はな **誰かに 話す** 누군가에게 이야기하다	누군가에게 이야기하는 편이 좋아요. 누군가에게 이야기하는 편이 좋아.
べんきょう **もっと 勉強する** 더 공부하다	더 공부하는 편이 좋아요. 더 공부하는 편이 좋아.
み **よく 見る** 잘 보다	잘 보는 편이 좋아요. 잘 보는 편이 좋아.

本を沢山読んだ方がいいです。
[홍오 탁상 욘다 호-가 이이데스]

本を沢山読んだ方がいい。
[홍오 탁상 욘다 호-가 이이]

毎日、運動した方がいいです。
[마이니찌 운도-시따 호-가 이이데스]

毎日、運動した方がいい。
[마이니찌 운도-시따 호-가 이이]

ゆっくり歩いた方がいいです。
[육끄리 아루이따 호-가 이이데스]

ゆっくり歩いた方がいい。
[육끄리 아루이따 호-가 이이]

誰かに話した方がいいです。
[다레까니 하나시따 호-가 이이데스]

誰かに話した方がいい。
[다레까니 하나시따 호-가 이이]

もっと勉強した方がいいです。
[못또 벵꾜-시따 호-가 이이데스]

もっと勉強した方がいい。
[못또 벵꾜-시따 호-가 이이]

よく見た方がいいです。
[요꼬 미따 호-가 이이데스]

よく見た方がいい。
[요꼬 미따 호-가 이이]

제시어	문장
本を沢山読む 책을 많이 읽다	책을 많이 읽는 게 어때요? 책을 많이 읽는 게 어때?
毎日運動する 매일 운동하다	매일 운동하는 게 어때요? 매일 운동하는 게 어때?
ゆっくり歩く 천천히 걷다	천천히 걷는 게 어때요? 천천히 걷는 게 어때?
誰かに話す 누군가에게 이야기하다	누군가에게 이야기하는 게 어때요? 누군가에게 이야기하는 게 어때?
もっと勉強する 더 공부하다	더 공부하는 게 어때요? 더 공부하는 게 어때?
よく見る 잘 보다	잘 보는 게 어때요? 잘 보는 게 어때?

문장
ほん たくさん よ 本を沢山読んだらどうですか？ [홍오 탁상 욘다라 도-데스까]
ほん たくさん よ 本を沢山読んだらどう？ [홍오 탁상 욘다라 도-]
まいにち うんどう 毎日、運動したらどうですか？ [마이니찌 운도-시따라 도-데스까]
まいにち うんどう 毎日、運動したらどう？。 [마이니찌 운도-시따라 도-]
ある ゆっくり歩いたらどうですか？ [육끄리 아루이따라 도-데스까]
ある ゆっくり歩いたらどう？ [육끄리 아루이따라 도-]
だれ はな 誰かに話したらどうですか？ [다레까니 하나시따라 도-데스까]
だれ はな 誰かに話したらどう？ [다레까니 하나시따라 도-]
べんきょう もっと勉強したらどうですか？ [못또 벵꾜-시따라 도-데스까]
べんきょう もっと勉強したらどう？ [못또 벵꾜-시따라 도-]
み よく見たらどうですか？ [요끄 미따라 도-데스까]
み よく見たらどう？ [요끄 미따라 도-]

제시어	문장
本を読む 책을 읽다 ほん よ 疲れる 피곤하다 つか	책을 읽으면 피곤해져요. 책을 읽으면 피곤해져.
運動する 운동하다 うんどう 健康になる 건강해지다 けんこう	운동하면 건강해져요. 운동하면 건강해져.
歩く 걷다 ある 遅刻する 지각하다 ちこく	걸으면 지각해요. 걸으면 지각해.
話す 이야기하다 はな びっくりする 깜짝 놀라다	이야기하면 깜짝 놀랄 거예요. 이야기하면 깜짝 놀랄 거야.
勉強する 공부하다 べんきょう 合格できる 합격할 수 있다 ごうかく	공부하면 합격할 수 있어요. 공부하면 합격할 수 있어.
見る 보다 み 分かる 알다 わ	보면 알아요. 보면 알아.

문장
本を読んだら疲れます。 [홍오 욘다라 쯔까레마스]
本を読んだら疲れる。 [홍오 욘다라 쯔까레루]
運動したら健康になります。 [운도-시따라 켕꼬-니 나리마스]
運動したら健康になる。 [운도-시따라 켕꼬-니 나루]
歩いたら遅刻します。 [아루이따라 치꼬끄시마스]
歩いたら遅刻する。 [아루이따라 치꼬끄스루]
話したらびっくりします。 [하나시따라 빅끄리시마스]
話したらびっくりする。 [하나시따라 빅끄리스루]
勉強したら合格できます。 [벵꾜-시따라 고-까끄 데끼마스]
勉強したら合格できる。 [벵꾜-시따라 고-까끄 데끼루]
見たら分かります。 [미따라 와까리마스]
見たら分かる。 [미따라 와까루]

부록

동사변형

제시어	의미	~て	~た
<ruby>笑<rt>わら</rt></ruby>う	웃다	<ruby>笑<rt>わら</rt></ruby>って	<ruby>笑<rt>わら</rt></ruby>った
<ruby>払<rt>はら</rt></ruby>う	지불하다	<ruby>払<rt>はら</rt></ruby>って	<ruby>払<rt>はら</rt></ruby>った
<ruby>扱<rt>あつか</rt></ruby>う	취급하다 다루다	<ruby>扱<rt>あつか</rt></ruby>って	<ruby>扱<rt>あつか</rt></ruby>った
<ruby>書<rt>か</rt></ruby>く	쓰다	<ruby>書<rt>か</rt></ruby>いて	<ruby>書<rt>か</rt></ruby>いた
<ruby>行<rt>い</rt></ruby>く	가다	<ruby>行<rt>い</rt></ruby>って	<ruby>行<rt>い</rt></ruby>った
<ruby>買<rt>か</rt></ruby>う	사다	<ruby>買<rt>か</rt></ruby>って	<ruby>買<rt>か</rt></ruby>った
<ruby>習<rt>なら</rt></ruby>う	배우다	<ruby>習<rt>なら</rt></ruby>って	<ruby>習<rt>なら</rt></ruby>った
<ruby>使<rt>つか</rt></ruby>う	사용하다	<ruby>使<rt>つか</rt></ruby>って	<ruby>使<rt>つか</rt></ruby>った
もらう	받다	もらって	もらった
<ruby>手伝<rt>てつだ</rt></ruby>う	돕다	<ruby>手伝<rt>てつだ</rt></ruby>って	<ruby>手伝<rt>てつだ</rt></ruby>った
<ruby>会<rt>あ</rt></ruby>う	만나다	<ruby>会<rt>あ</rt></ruby>って	<ruby>会<rt>あ</rt></ruby>った
<ruby>言<rt>い</rt></ruby>う	말하다	<ruby>言<rt>い</rt></ruby>って	<ruby>言<rt>い</rt></ruby>った
<ruby>歌<rt>うた</rt></ruby>う	(노래)부르다	<ruby>歌<rt>うた</rt></ruby>って	<ruby>歌<rt>うた</rt></ruby>った
<ruby>思<rt>おも</rt></ruby>う	생각하다	<ruby>思<rt>おも</rt></ruby>って	<ruby>思<rt>おも</rt></ruby>った
<ruby>洗<rt>あら</rt></ruby>う	씻다	<ruby>洗<rt>あら</rt></ruby>って	<ruby>洗<rt>あら</rt></ruby>った

<ruby>歩<rt>ある</rt></ruby>く	걷다	<ruby>歩<rt>ある</rt></ruby>いて	<ruby>歩<rt>ある</rt></ruby>いた
<ruby>焼<rt>や</rt></ruby>く	굽다	<ruby>焼<rt>や</rt></ruby>いて	<ruby>焼<rt>や</rt></ruby>いた
<ruby>着<rt>つ</rt></ruby>く	도착하다	<ruby>着<rt>つ</rt></ruby>いて	<ruby>着<rt>つ</rt></ruby>いた
<ruby>動<rt>うご</rt></ruby>く	움직이다	<ruby>動<rt>うご</rt></ruby>いて	<ruby>動<rt>うご</rt></ruby>いた
<ruby>働<rt>はたら</rt></ruby>く	일하다	<ruby>働<rt>はたら</rt></ruby>いて	<ruby>働<rt>はたら</rt></ruby>いた
<ruby>置<rt>お</rt></ruby>く	놓다 두다	<ruby>置<rt>お</rt></ruby>いて	<ruby>置<rt>お</rt></ruby>いた
<ruby>泣<rt>な</rt></ruby>く	울다	<ruby>泣<rt>な</rt></ruby>いて	<ruby>泣<rt>な</rt></ruby>いた
<ruby>泳<rt>およ</rt></ruby>ぐ	헤엄치다	<ruby>泳<rt>およ</rt></ruby>いで	<ruby>泳<rt>およ</rt></ruby>いだ
<ruby>話<rt>はな</rt></ruby>す	이야기하다	<ruby>話<rt>はな</rt></ruby>して	<ruby>話<rt>はな</rt></ruby>した
<ruby>暮<rt>くら</rt></ruby>す	생활하다	<ruby>暮<rt>くら</rt></ruby>して	<ruby>暮<rt>くら</rt></ruby>した
<ruby>死<rt>し</rt></ruby>ぬ	죽다	<ruby>死<rt>し</rt></ruby>んで	<ruby>死<rt>し</rt></ruby>んだ
<ruby>遊<rt>あそ</rt></ruby>ぶ	놀다	<ruby>遊<rt>あそ</rt></ruby>んで	<ruby>遊<rt>あそ</rt></ruby>んだ
<ruby>呼<rt>よ</rt></ruby>ぶ	부르다	<ruby>呼<rt>よ</rt></ruby>んで	<ruby>呼<rt>よ</rt></ruby>んだ
<ruby>飛<rt>と</rt></ruby>ぶ	날다	<ruby>飛<rt>と</rt></ruby>んで	<ruby>飛<rt>と</rt></ruby>んだ
<ruby>並<rt>なら</rt></ruby>ぶ	늘어서다	<ruby>並<rt>なら</rt></ruby>んで	<ruby>並<rt>なら</rt></ruby>んだ
<ruby>待<rt>ま</rt></ruby>つ	기다리다	<ruby>待<rt>ま</rt></ruby>って	<ruby>待<rt>ま</rt></ruby>った
<ruby>持<rt>も</rt></ruby>つ	가지다	<ruby>持<rt>も</rt></ruby>って	<ruby>持<rt>も</rt></ruby>った

打<ruby>う</ruby>つ	치다 때리다	打<ruby>う</ruby>って	打<ruby>う</ruby>った
勝<ruby>か</ruby>つ	이기다	勝<ruby>か</ruby>って	勝<ruby>か</ruby>った
まける	지다	まけて	まけた
育<ruby>そだ</ruby>つ	자라다	育<ruby>そだ</ruby>って	育<ruby>そだ</ruby>った
消<ruby>け</ruby>す	끄다	消<ruby>け</ruby>して	消<ruby>け</ruby>した
貸<ruby>か</ruby>す	빌려주다	貸<ruby>か</ruby>して	貸<ruby>か</ruby>した
直<ruby>なお</ruby>す	고치다	直<ruby>なお</ruby>して	直<ruby>なお</ruby>した
出<ruby>だ</ruby>す	내다	出<ruby>だ</ruby>して	出<ruby>だ</ruby>した
立<ruby>た</ruby>つ	서다	立<ruby>た</ruby>って	立<ruby>た</ruby>った
分<ruby>わ</ruby>かる	알다	分<ruby>わ</ruby>かって	分<ruby>わ</ruby>かった
終<ruby>おわ</ruby>る	끝나다	終<ruby>おわ</ruby>って	終<ruby>おわ</ruby>った
残<ruby>のこ</ruby>る	남다	残<ruby>のこ</ruby>って	残<ruby>のこ</ruby>った
通<ruby>とお</ruby>る	지나다 통과하다	通<ruby>とお</ruby>って	通<ruby>とお</ruby>った
泊<ruby>と</ruby>まる	머무르다 숙박하다	泊<ruby>と</ruby>まって	泊<ruby>と</ruby>まった
取<ruby>と</ruby>る	집다	取<ruby>と</ruby>って	取<ruby>と</ruby>った
登<ruby>のぼ</ruby>る	오르다	登<ruby>のぼ</ruby>って	登<ruby>のぼ</ruby>った
座<ruby>すわ</ruby>る	앉다	座<ruby>すわ</ruby>って	座<ruby>すわ</ruby>った
作<ruby>つく</ruby>る	만들다	作<ruby>つく</ruby>って	作<ruby>つく</ruby>った

選ぶ えら	뽑다 선택하다	選んで えら	選んだ えら
読む よ	읽다	読んで よ	読んだ よ
飲む の	마시다	飲んで の	飲んだ の
休む やす	쉬다	休んで やす	休んだ やす
頼む たの	부탁하다	頼んで たの	頼んだ たの
売る う	팔다	売って う	売った う
送る おく	보내다	送って おく	送った おく
乗る の	타다	乗って の	乗った の
叱る しか	꾸짖다	叱って しか	叱った しか
知る し	알다	知って し	知った し
借りる か	빌리다	借りて か	借りた か
降りる お	내리다	降りて お	降りた お
足りる た	족하다	足りて た	足りた た
信じる しん	믿다	信じて しん	信じた しん
落ちる お	떨어지다	落ちて お	落ちた お
いる	있다	いて	いた
起きる お	일어나다	起きて お	起きた お
見る み	보다	見て み	見た み

き 着る	입다	き 着て	き 着た
で き 出来る	할 수 있다	で き 出来て	で き 出来た
い 要る	필요하다	い 要って	い 要った
かえ 帰る	돌아가다 돌아오다	かえ 帰って	かえ 帰った
はい 入る	들어가다 들어오다	はい 入って	はい 入った
へ 減る	줄다	へ 減って	へ 減った
き 切る	자르다	き 切って	き 切った
ね 寝る	자다	ね 寝て	ね 寝た
た 食べる	먹다	た 食べて	た 食べた
で 出る	나가다 나오다	で 出て	で 出た
おし 教える	가르치다	おし 教えて	おし 教えた
おぼ 覚える	기억하다	おぼ 覚えて	おぼ 覚えた
あ 開ける	열다	あ 開けて	あ 開けた
かける	걸다	かけて	かけた
はじ 始める	시작하다	はじ 始めて	はじ 始めた
ふ 増える	증가하다	ふ 増えて	ふ 増えた
つた 伝える	전하다	つた 伝えて	つた 伝えた
つと 勤める	근무하다	つと 勤めて	つと 勤めた

ほめる	칭찬하다	ほめて	ほめた
考える	생각하다	考えて	考えた
変える	바꾸다	変えて	変えた
来る	오다	来て	来た
する	하다	して	した
訪ねる	방문하다	訪ねて	訪ねた
見つける	발견하다 찾다	見つけて	見つけた
負ける	지다	負けて	負けた
並べる	늘어놓다	並べて	並べた
集める	모으다	集めて	集めた
数える	셈하다	数えて	数えた
忘れる	잊다	忘れて	忘れた
決める	정하다	決めて	決めた
でかける	외출하다	でかけて	でかけた
止める	그만두다	止めて	止めた

마구로센세의
본격!
일본어 스터디
초급❸ 일본의 대중교통

초판 1쇄 펴낸 날 | 2022년 7월 1일

지은이 | 최유리 · 나인완
펴낸이 | 홍정우
펴낸곳 | 브레인스토어

책임편집 | 김다니엘
편집진행 | 차종문, 박혜림
디자인 | 이예슬
마케팅 | 육란

주소 | (04035) 서울특별시 마포구 양화로7안길 31(서교동, 1층)
전화 | (02)3275-2915~7
팩스 | (02)3275-2918
이메일 | brainstore@chol.com
블로그 | http://blog.naver.com/brain_store
페이스북 | http://www.facebook.com/brainstorebooks
인스타그램 | https://instagram.com/brainstore_publishing

등록 | 2007년 11월 30일(제313-2007-000238호)

© 브레인스토어, 최유리, 나인완, 2022
ISBN 979-11-88073-24-5(04730)
ISBN 979-11-88073-21-4(04730)(세트)